品牌营销

新流量时代品牌打造与运营方法论

薛斌鹏 ◎ 著

电子工业出版社·
Publishing House of Electronics Industry
北京·BEIJING

图书在版编目（CIP）数据

品牌营销：新流量时代品牌打造与运营方法论 / 薛斌鹏著.—北京：电子工业出版
社，2020.11

ISBN 978-7-121-39905-3

Ⅰ. ①品… Ⅱ. ①薛… Ⅲ. ①品牌营销 Ⅳ. ①F713.3

中国版本图书馆 CIP 数据核字（2020）第 217732 号

责任编辑：杨雅琳
印　　刷：涿州市京南印刷厂
装　　订：涿州市京南印刷厂
出版发行：电子工业出版社
　　　　　北京市海淀区万寿路 173 信箱　　邮编：100036
开　　本：720×1 000　1/16　印张：15.75　字数：202 千字
版　　次：2020 年 11 月第 1 版
印　　次：2022 年 2 月第 3 次印刷
定　　价：70.00 元

凡所购买电子工业出版社图书有缺损问题，请向购买书店调换。若书店售缺，
请与本社发行部联系，联系及邮购电话：（010）88254888，88258888。

质量投诉请发邮件至 zlts@phei.com.cn，盗版侵权举报请发邮件至 dbqq@phei.com.cn。

本书咨询联系方式：yangyl@phei.com.cn，（010）88254697。

前　言

　　品牌营销不就是"品牌+营销"吗？这是长久以来大多数品牌人的一个认知误区。品牌营销是以品牌为核心的企业战略营销，旨在打造以品牌为主导的营销系统。品牌营销的作用是让短期营销的持续性更强，从而沉淀消费者，形成品牌资产，降低消费者对价格的依赖，增强企业对渠道的控制。也就是说，品牌营销让企业产品畅销、长销、高价销。

　　企业战略的核心是品牌战略，品牌战略清晰，营销才不会"误入歧途"。企业制定战略可以分为三步：第一步，明确我在哪里；第二步，明确我要去哪里；第三步，明确我怎么去那里。"在哪里"是指企业的生产及销售处于哪个阶段；"去哪里"是指企业的生产及销售下一步要到达哪个阶段；"怎么去"是指企业如何实现"去哪里"的目标。

　　有了品牌战略，企业还需要进行品牌的整体规划，包括定位、形象、核心价值、广告语、品牌背书等，然后据此研发产品，以求产品符合整个品牌的调性。

传播是品牌营销的最后一步，也是重头戏。在互联网时代，传播渠道数不胜数，盲目投入只会增加传播成本。对此，企业需要有一套系统的营销方案，让各个渠道串联，发挥协同作用。

在大众创新、万物互联的时代，品牌在现代企业管理中起到的作用越来越重要。特别是在新流量时代，流量成为企业重要的新资产，很多企业都面临着获客难、营销贵的窘境。因此，要做好品牌营销，企业必须找准市场需求，充分利用新渠道、新视角，创新方法，真正让消费者眼前一亮。

2020 年上半年，淘宝的"螺蛳粉自由"获得 42 万次转发、7 万条评论，点赞超过 8 万个；B 站的《后浪》演讲，在一夜之间，刷屏各大社交平台；格力董明珠的快手直播带货，3 小时成交 3.1 亿元；快手的《看见》宣传片 4 小时播放量突破 1000 万。这些都是新流量时代的营销典范。品牌营销不能故步自封，而要不断地迭代自己，去适应所有的新渠道，以差异化、场景式的体验来获取新的流量。

在当下这个日新月异的时代，创新并不是只有从 0 到 1 这一种选择。本书对此做了独到的诠释，帮助各位品牌人打破固有认知，重新认识品牌，并学会以新视角、新方法进行品牌营销。

目　录

01 打破固有认识，重新认识品牌价值

传统营销模式的"进化"启示　003

品牌命名：让品牌传播得更响亮　013

品牌调研：不可忽视的步骤　021

品牌资产：在用户心中建立不可替代的价值　030

02 用户画像：聚焦服务对象，探索用户需求

从 4 个不同的视角看用户画像　039

用户画像的建立流程　042

03 差异性定位：找准属于品牌的赛道

头部策略：打造品牌影响力的第一原则　051

二八法则：20%的变因操纵着80%的局面　055

差异性定位的五种方法　061

04 产品制造：优质产品是免费传播媒介

定位清晰，知道产品是什么　069

重视质量，打造产品美誉　075

产品是免费的传播媒介　083

提升产品使用体验的三种方法　096

05 产品定价：如何定价能实现利益最大化

常用的四种定价策略　103

四种经典的定价方法　110

高品牌不可能零投入，配置最高性价比资源　113

06 品牌IP：讲好故事扩大品牌影响力

品牌故事与情感共鸣　119

品牌故事三定律　123

目录

借助 IP 与品牌玩转联合营销　130

07 "视觉锤"：让受众快速记住你的品牌

用"视觉锤"捕获注意力，让认知资源聚集　137

开发"视觉锤"的 7 种方法　140

"视觉锤"进化，让品牌体验升级　144

08 文案推广：品牌如何高效地发挥文案价值

如何创作优质文案　149

如何用品牌文案引爆话题　156

如何打造让人猝不及防的软文文案　161

09 被动营销：促使消费者自主传播的品牌营销思维

认清消费者的多重身份　167

消费者喜欢多样化，但讨厌做选择　173

唤醒消费者的情绪　178

10 营销团队：找到你的"神队友"

怎样组建一支优秀的营销团队　183

营销团队如何精准运作　190

11 新媒体传播:用户去哪儿,品牌营销就应该跟到哪儿

企业品牌的新媒体平台　199

企业新媒体平台的打造秘诀　205

12 品牌营销活动的设计与执行

设计营销方案　213

品牌人如何建立品牌思维力　218

七匹狼"双十一"玩出花样,提高品牌曝光度　222

13 品牌杠杆:实现品牌资产螺旋式上升

品牌杠杆的运用　227

品牌杠杆作用的产生过程　230

14 持之以恒:品牌激活后需要维持并强化

新产品导入及品牌延伸　237

妙可蓝多如何进入品牌发展新时代　242

01

打破固有认识，重新认识品牌价值

很多老品牌依靠过硬的产品走到今天，始终保持着稳定的价格。可是在原材料、人工都在涨价的今天，企业的盈利能力会越来越弱，甚至被市场淘汰。因此，在新流量时代，经营者应打破固有认知，重新认识品牌价值，充分发挥品牌溢价的能力，既要合理增加利润，又要留住客户。

传统营销模式的"进化"启示

传统营销模式是以市场为导向的，通过市场调查，确定营销策略，然后再集中资源，做出能满足消费者需求的产品。随着消费者需求的转变，这种营销模式急需"进化"，以用户价值为导向的开放式营销，才是广大企业的现实选择。

"4P"到"10P"增加了什么

"4P"营销理论出现于20世纪60年代的美国，与营销组合理论相继被提出。1953年，尼尔·博登提出了"市场营销组合"（Marketing Mix）这一术语，指出市场需求在某种程度上会受"营销变量"或"营销要素"的影响。

1967年，菲利普·科特勒在《营销管理：分析、规划与控制》中进一步阐释了以"4P"为核心的营销组合方法。分别是：

▸ 产品（Product）

产品开发要有独一无二的卖点，要把产品的功能诉求放在首要位置。

▸ 价格（Price）

根据产品的市场定位，设置不同的价格。产品定价要注重品牌的含金量，将品牌溢价的部分考虑进去。

▸ 渠道（Place）

企业要注重培育经销商和建立销售网络，企业与消费者是通过经销商来进行联系的。

▸ 宣传（Promotion）

宣传并不是狭义的"促销"，它应当包括品牌宣传、公关、促销等一系列营销行为。

20 世纪 80 年代，市场营销理论的研究又有了新的发展。1986 年，菲利普·科特勒在《哈佛商业评论》中发表了《论大市场营销》，提出了"大市场营销"的概念。这个概念在原有的"4P"的基础上，增加了"2P"，即政治力量（Political Power）和公共关系（Public Relations）。

菲利普·科特勒认为，21 世纪的企业销售范围更广，所以必须了解其他国家的政治状况，也就是要拥有政治力量。另外，营销人员必须懂得在公众中树立良好的产品形象，也就是要熟练运用公共关系。菲利普·科特勒曾说："我目前正在研究一种新观念，我称之为'大市场营销'——第四次浪潮。我想我们学科的导向，已经从分配演变到销售，继而演变到市场营销，现在演变到'大市场营销'。"

随即，菲利普·科特勒又提出为了熟练运用之前的战术"4P"，企业必须先做好的战略"4P"。

▶ 探查（Probing）

探查即深入检查，是指经营者要探查市场，明确组成市场的人、市场怎样细分、竞争对手是谁及有效的竞争方法。

▶ 细分（Partitioning）

细分即把市场分成不同的小部分。每个市场都由不同的人组成，每个人都有各自的生活方式。例如，有的消费者需要汽车，有的需要机床，有的关注产品质量，有的关注产品价格，有的关注服务质量。细分就是要识别出不同类型的消费者，区分出他们的差异。

▶ 优先（Prioritizing）

当产品无法满足所有消费者的需求时，企业必须选择那些对自己最重要的消费者去满足。例如，在美国推销丝绸材质的服装，必须先了解美国市场，然后区分出不同类型的消费者，从中选出需求量大的消费者类型，如中年女性消费者，最后要优先考虑满足这类消费者的需求。

▶ 定位（Positioning）

定位是指产品必须在消费者心中树立某种形象。例如，奔驰品牌的汽车性能高、质量好，就是奔驰品牌在消费者心中树立起的形象。产品经过定位后，就可以用战术"4P"进行营销了。

综上所述，随着市场营销理论的不断成熟，菲利普·科特勒共提出了"10P"的营销方法。"大市场营销"理论将市场营销从战术层转移到了战略层，具有十分重要的意义，可以说是市场营销学的"第二次革命"。

"4P"到"4C"转化了什么

"4P"理论虽然是最经典的营销组合分析工具，但它始终是以企业为出发点的，有局限性。1990年，劳特朋提出了与"4P"理论相对的"4C"理论。"4C"理论主张以消费者为中心规划企业营销活动，从关注产品转变为关注消费者（Consumer）的需求，从关注价格转变为关注消费者愿意支付的成本（Cost），从关注宣传转变为关注与消费者的沟通（Communication），从关注渠道转变为关注消费者购买的便利性（Convenience）。

2009年，借着"双11光棍节"，阿里巴巴推出了节日营销。20多个商家加入半价包邮活动，最终获得了5000万元的销售额。经过十几年的发展，"双11"购物狂欢节已经成为互联网电商的一大盛事，影响了线上线下、国内国外，覆盖了吃喝玩乐全生活场景。

2020年2月，房地产界也刮起了一阵"地产营销风"。恒大通过"恒房通"平台进行网上销售，开创了在线卖房的新形式。2月累计在线认购房屋99141套，房屋总价值达1026.7亿元。在取得在线卖房开门红后，恒大再次推出了7.8折"优惠组合拳"，宣布参与"网上卖房"的619个楼盘的价格将在"恒房通"全面公开，包括房源单价、房屋总价、享受7.8折和"恒房通"推荐9.7折后的价格。

根据克而瑞公布的数据，恒大2月的累计销售额为875.5亿元，位列行业第一。许家印曾这样评价恒大的竞争力："越是市场不好的时候，越能展现恒大的功底。"2020年初的市场趋势并不好，但恒大网上卖房业绩第一显示出了其强大的硬实力。

很多人都有一个问题：为什么行业龙头总能出奇制胜，而自己却只能做一个模仿者呢？"4C"理论正好可以回答这个问题。

▸ 消费者（Consumer）

恒大在线卖房之初，新冠肺炎疫情的爆发给房地产行业带来了巨大的冲击，全国多处售楼处暂时关闭，工地也被迫停工，人们的短期购房需求被抑制，整个房地产市场陷入低迷。

为了应对这个状况，大多数开发商纷纷开始摸索"直播卖房"，然而恒大则静观其变，利用"恒房通"App线上积累客户，将营销模式升级为线上营销，并逆势而为推出超大力度的购房优惠，刺激了消费者的购房需求。

▸ 成本（Cost）

根据恒大的措施，购房者先交付定金3000元选定房源。如果购房者购买恒大任意房源，定金可以抵房款，并享受额外减免40000元及9.9折的优惠。如果购房者推荐其他人成功购买任意房源，可享受奖励35000元及1%的佣金。如果购房者锁定的房源被第三方买走，平台会返还定金，并给予3000元补偿。如果该房源没人购买，定金原额返还，同时购房者推荐亲朋好友在"恒房通"上看房，最高可享受奖励300元。

恒大将消费者参与销售的门槛降到了最低，只需3000元即可参与，不管买不买房，消费者都没有任何损失。这种全新的买房模式，让没有买房需求的人可以获取额外收益，并为平台贡献了流量，让有买房需求的人得到了实惠的价格，真正实现了多方共赢。

▶ 便利性（Convenience）

恒大为了配合线上销售模式，推出了全景 VR 看房服务，提高了消费者线上看房的真实感和体验感。通过空中俯瞰航拍技术，消费者在家就能品鉴园林、湖景、样板间，一天能看好几套房源，比以往实地看房的模式还要便利。

▶ 沟通（Communication）

除了大力度的优惠，恒大还推出了"最低价+包退房"的兜底服务，让消费者完全没有后顾之忧。自签署《商品房网上认购书》之日起，到 5 月 10 日之前，如果所购楼盘价格下调，客户可以退差价；自签署《商品房买卖合同》及《无理由退房协议书》之日起，到办理入住手续这一期间内，客户都有无理由退房的权利。

这两项措施，不仅替消费者承担了房价下跌的风险，消除了消费者"怕买贵"的顾虑，还保障了消费者权益，消除了消费者网上购房"怕买错"的顾虑，充分展现了恒大对自家产品的信心。

"4E" 营销理论：真正以客户为中心的模式

近年来，中国电子商务高速发展，因其帮助消费者打破了消费的空间限制而备受青睐。但群雄割据的局面使流量成为了企业宝贵的财富，如何最大化成本效益、最优化购物体验，成为企业面临的新问题。随着大数据、智能硬件等新技术的发展，以线上线下融合为目标的新流量时代品牌打造方法正在兴起。

对此，奥美互动全球 CEO 布莱恩·费瑟斯通豪曾感叹道："我们曾经处在一个简单而美好的年代,但是这样的日子已经一去不返了。"布莱恩·费瑟斯通豪提出，现在消费者每天花在数字媒体上的时间超过 20%，而企业在数字媒体上的营销预算只占全部的 5%。布莱恩·费瑟斯通豪认为，新流量时代的营销并不是只增加数字媒体的营销预算那么简单，曾经被营销界奉为圭臬的"4P"理论应该变革了。因此，他提出了"4E"理论，即体验（Experience）、无所不在（Everyplace）、交换（Exchange）、布道（Evangelism）。

▶ 体验（Experience）

技术的差异化所带来的市场优势越来越小，手机更新换代只需要几个月的时间。要想让消费者在眼花缭乱的产品中注意到自己的产品，企业应把营销重点从卖单产品转移到全面提升消费者体验上来。

▶ 无所不在（Everyplace）

以往的销售渠道主要是商店陈列，经营者需要考虑的只有如何把货架上的商品摆放得更漂亮。现在有了更多的销售渠道，"线上+线下"的全场景营销可以让消费者在任何地方买到心仪的商品。

▶ 交换（Exchange）

价格如今已经不是消费者最看重的商品标签了，消费者更关注价值。而且消费者对于价值的评判因人而异，因此，企业要有针对性地挖掘目标客户的价值点。

▶ 布道（Evangelism）

好品牌都会有一个伟大的理念作为背书，例如，可口可乐一直以传递快乐作为品牌理念，并且多年来始终不变地贯彻着这一理念，让人们逐渐把"快乐"二字与其产品联系在一起。好的营销活动常会提供一个有吸引力的创意，让人们主动分享。

陈可辛的《三分钟》如何展现 iPhone X 的品牌价值

春节是中国人眼中非常重要的节日，每年这个时候各大品牌都会铆足劲儿做营销，除了国内本土品牌，还有许多入驻中国的外国品牌。2018 年春节，苹果公司成功地凭借广告《三分钟》成为营销市场上的大赢家。

苹果公司邀请了知名导演陈可辛，以 iPhone X 为基础设备拍摄了广告《三分钟》。该广告以春运为背景，讲述了一位身为火车乘务员的母亲，与孩子在站台上相见三分钟的故事。整则广告除了开头注明本片由 iPhone X 拍摄及结尾处展示出苹果公司的 Logo，剩下的时间都在讲述故事，获得了无数好评。

该广告发布后，瞬间就成了社交媒体上的焦点，广告播放量破千万次，中国新闻网、环球网等多家权威媒体纷纷转发，各大自媒体平台也对该广告表达了自己的观点。这样的传播量，自然不是投放一轮广告就能实现的。《三分钟》的巨大成功，在于内容的热点化、场景的人性化及传播的圈层化模式。下面我们从内容的成功性和价值的成功性两个方面，分析《三分钟》是如何体现苹果公司的品牌价值的。

▶ 内容的成功性

《三分钟》之所以在内容上获得了巨大的成功，是因为它与特殊时间段结合（春运），选取特殊的身份和特殊的关系（身为火车乘务员的母亲和她的儿子），制造了一个特殊的场景（站台上的三分钟），然后将这些特殊的要素融合在一起，形成一个感人至深的故事，触动了人们内心深处的情感。

▷ 春节场景化

整则广告以 2018 年春节前期为背景，以片中身为火车乘务员的母亲的特殊视角，展现了春运这一场景。时间属性明确，直指新春热点营销。

▷ 母爱场景化

母爱是感人至深的，在广告中更是被体现得淋漓尽致。在火车停靠站台不到三分钟的时间内，母子亲情通过孩子背诵乘法口诀给母亲听的方式诠释。春节是一个讲究团圆的节日，而片中母亲和孩子的团圆只有三分钟，无疑会勾起人们对于亲情的企盼，让远在异地为人子女、为人父母的人感同身受。

▷ 冲突场景化

此广告的成功就在于三分钟的时间冲突。片中的其他乘客都是赶着回家和家人团圆，而片中的母亲却因为工作的关系只能与孩子团聚三分钟，观众的情绪在母子分别的一刻被彻底放大，故事简单而有力地击中了观众的内心。

▶ 价值的成功性

优秀的品牌广告，不仅要有优秀的内容，还要体现其品牌价值。

▷ 品牌的浸入化表达

消费者对品牌广告基本已经司空见惯了，大多数广告都是直接宣传产品的核心卖点和品牌优势。苹果公司却反其道而行之，没有直接描述品牌与产品价值,而是通过一个感人的故事告诉消费者,这么优质的短片是用 iPhone X 拍摄的,所以你也可以用 iPhone X 记录春节期间阖家团圆的美好场景。

▷ 表达的故事化

在社交媒体、移动互联网发展迅速的今天,人们更喜欢听故事和看故事,缺乏故事性表达的广告,在消费者心中只是品牌的动态产品说明书,消费者很难被其触动。苹果公司选择了春节这一特殊的日子,用一则包含强烈场景冲突的故事,唤醒了人们内心深处的情感,更容易让人产生强烈的记忆和感受。

▷ 传播的圈层化

一般来说,品牌内容传播主要是通过有效渠道将内容推广给足够多的人,从而在内容受众当中找到自己的目标用户,实现品牌营销。在移动互联网时代,圈层化的传播才是最有效的传播方式,而这也是苹果公司此次传播大获成功的直接原因。

《三分钟》的第一批受众或因为苹果公司的品牌本身,或因为广告内容本身,自发通过社交媒体转发分享,感染了其他受众,从而推动了广告的进一步扩散,使该广告实现了圈层化传播。

《三分钟》的成功证明,在这个信息爆炸的时代,只关注品牌和产品的传统营销方式已经不能适应推广需要了,只有充分思考人的作用,回归到具体的场景中,在内容中浸入品牌价值,才能获得用户的关注和好评。

品牌命名：让品牌传播得更响亮

品牌建立要从品牌命名开始，朗朗上口且便于记忆的品牌名称，能帮助品牌传播得更远。

前期调查：获取消费者的感官角度

有些经营者认为，品牌名称不重要，只要产品好，自然不愁客户上门。实际上并非如此。品牌名称是最简单的品牌广告语，消费者会根据品牌名称对品牌形成第一印象。

例如，瓜子二手车直卖网曾经历过一次改名，2017 年 9 月 15 日，赶集网创始人杨浩涌宣布，"赶集好车"更名为"瓜子二手车直卖网"。杨浩涌说："赶集网是一个分类信息网站，没有后面简单、直接、安全的服务环节，而'瓜子二手车直卖网'的含义更直接，它是赶集二手车从小孩走向成年的第一步。"改名之后，瓜子二手车直卖网明确了自己的定位，重点突出 "直卖"二字，直接体现出自己与竞争对手的不同——没有中间商赚差价。目前，瓜子二手车直卖网已成为行业第一，受到很多家庭用户的欢迎，逐渐拥有了自己的影响力。

瓜子二手车直卖网成功通过改名突出卖点，成为行业第一。明确卖点是品牌命名时最重要的一个原则，那如何明确产品卖点呢？这需要经营者做好充分的市场调查，了解消费者的需求，从他们的感官角度为品牌命名。下面是一份品牌命名调查问卷模板，如表 1-1 所示。

表 1-1　品牌命名调查问卷

您好，我公司正在进品牌命名的研究，目前拟定三个名称待选，请您帮忙认真填写，谢谢
1. 您的性别？ A.男　　B.女
2. 您的年龄？ A.18 岁以下　　B.18~23 岁　　C.24~30 岁　　D.31~40 岁 E.40 岁以上
3. 您觉得一个咖啡馆要想经营得好，在命名方面应注意什么？ A.名称朗朗上口　　　　　　　B.名称含义丰富 C.有感染性，能够产生共鸣　　D.独树一帜，体现个性 E.简单易懂，容易记忆　　　　F.能够体现产品特色 G.其他
4.下面三个咖啡馆的命名，您最喜欢哪一个？ A.绿门　　B.时间背后　　　　C.Forever
5.您最喜欢这一名称的原因是？（绿门） A.含义丰富，让人联想到欧•亨利的同名小说 B.联想到"信步而行，可能会迎来命运的改变" C.很文艺 D.名称比较特别，让人印象深刻 E.绿色给人清新自然之感 F.好奇这一名称的用意 G.都不喜欢，随便选的 H.其他原因

续表

6. 您最喜欢这一名称的原因是？（时间背后） A.听起来文艺，小清新 B.容易使人产生回忆，引起共鸣 C.简单易懂，朗朗上口 D.有光阴流逝、物是人非之感 E.想到过去的自己 F.都不喜欢，随便选的 G.其他
7. 您最喜欢这一名称的原因是？（Forever） A.简单易懂，朗朗上口 B.喜欢英文名称 C.喜欢它的寓意 D.想到承诺 E.想到永恒 F.都不喜欢，随便选的 G.其他

跨国输出时尊重对方文化

在经济全球化时代，品牌进行跨国输出是一件很普遍的事。但很多品牌在跨国输出的路上砸了大笔的钱，却没能有成效，致使它们不得不黯然离场。中国商家跨国输出往往只是为了卖货而卖货，很少考虑市场需求或品牌的长远发展。说到底，品牌的跨国输出一定要尊重对方文化，为客户提供本土化服务。

▶ 本土化渠道

深圳迈时空科技有限公司负责人王瑞说："现在的中国电商卖家缺乏本土化渠道拓展能力。"以美国户外运动行业为例，美国几家户外运动垂直网站的销售量合计是亚马逊的 5 倍。也就是说，中国企业海外输出不该仅把目标锁定在亚马逊等全球知名跨境电商平台上，而应调查本土消费者的习惯，选择目标消费者习惯的本土化渠道销售产品。

▶ 本土化品牌名称

品牌名称的本土化也很重要，就像外国品牌进入中国市场时会将名称音译成中文或直接起一个中文名称一样，国内品牌在海外输出时也要起一个符合当地人阅读习惯的名称。例如，某品牌进军美国市场时将品牌名称改为 Phocoena，是海豚的意思，海豚不仅形象受美国人喜欢，而且名称好发音，符合美国人的阅读习惯。

▶ 本土化运营

目标客户不同自然要有不同的运营方式。有些大品牌甚至在目标国成立了本地的运营团队，包括客服部、市场部、售后部等，这些都是进行品牌海外输出的必备要素。除此之外，经营者还可以在当地聘请客服或设计人员，通过电话与他们联系，让他们从事本土化的品牌运营工作。

▶ 本土化设计

某个做排插产品的经营者向他的朋友抱怨："我们公司创新能力不弱，产品在中国销量一直很好，但到了美国怎么也卖不出去。"后来经过分析发现，中国人喜欢样式小巧、色彩丰富的排插，而美国人大多喜欢大尺寸的黑色排插，所以该品牌的产品才会一直在美国没有销量。因此，在进行品牌的海外输出时，一定要基于本土文化做设计，否则很难有人买单。

简单好记，拉近用户的距离

名称，是人们建立认知的基础。曾经有心理学实验证明：在选择未看见的物品时，人们更倾向于选择名称好听的那个。品牌的传播同样需要好名称作为引领，如必胜客、星巴克、饿了么，这些名称朗朗上口，便于记忆，只要听过一遍就能记住，相较于那些要念几遍才能记住的名称，企业可以省下更多的传播费。

因此，简单是给品牌命名的第一准则，一般来讲，生活中那些耳熟能详的品牌名称字数都很少，如雀巢、万科、格力、携程、肯德基、海飞丝、家乐福等。从传播的角度看，两到三个字最容易被记住，因为人类从出生起最先记住的词就是由两个字组成的，如妈妈、外公、奶奶、老师，然后才衍生到三个字的词、四个字的词，直至一句话、一段话。

如果产品的卖点实在无法用两到三个字表达，经营者也可以选择四个字，但一定要注意的是，要用两个大家熟悉的词的组合，如阿里巴巴、妈妈咪呀等。如果是新品牌尽量不要用四个字的品牌名称，因为新品牌在传播时还需要加上品类名称，才能让消费者明确产品属性。例如，可口可乐公司的子品牌健怡，在初始传播时叫健怡可口可乐，这个名称字数多而且有些拗口，显然会加大消费者记忆的难度。但健怡可口可乐有可口可乐公司作为背书，所以并不太担心无人问津，而无依无靠的新品牌显然就没有这么好的运气了。

另外,品牌命名最应该注意的是慎用生僻字。生僻字非常不利于传播,消费者可能因怕念错所以不敢跟别人提起或根本不认识,更别说帮助品牌进行传播了。

名称要让消费者产生正面联想

人们都喜欢美好的事物,愿意将美好的事物分享给他人。因此,品牌名称要让消费者产生正面联想,才更利于传播。

例如,百果园这个品牌名称简单直接,让人能联想到种类丰富的水果,契合了品牌的卖点;依云这个品牌名称让人产生水从天上来之感,而白云会让人们联想到纯净,从而突出了依云水天然、无污染的特点。人是感性动物,特别是女人,她们会为了自己心中美好的感觉而买单。因此,品牌名称要使人能够产生正面联想,客户才能对品牌产生好的认知。

除了感觉上的正面联想,品牌名称还可以使消费者对产品产生正面联想。现在资讯发达,消费者面对铺天盖地的产品,对单个产品投入的关注时间很短,所以一定要让消费者只听品牌名称就知道产品属于什么品类,有什么特点。

例如,小米智能手机,将产品与"智能"二字锁定在一起,让消费者能对使用产品的体验产生联想。公牛安全插座,将产品与"安全"二字锁定在一起,让消费者能对产品质量产生联想,从而更放心地购买产品。

保护品牌名，不被仿效才是重中之重

很多人在生活中可能都出过这样的乌龙事件，想买一件商品，结果却买到了"山寨品"。这些"山寨品"外形包装与"被山寨品"一模一样，有的甚至只是商标的偏旁部首不同，不仔细看根本分辨不出真伪。

这些商标有的确实是"山寨品"，而有的却是正牌商家"先发制人"注册的商标。近年来，"山寨品"蔚然成风，在包装和名称上都"脑洞大开"，逼得正牌商家不得不出奇招抢先注册一批商标，让"山寨品"无漏洞可钻。

例如，雷碧就是可口可乐公司注册的"防盗"商标；大白兔为了保护自己的商标，注册了大灰兔、大花兔、小白兔、银兔等；小米注册了黑米、紫米、绿米、桔米等。这些企业虽然注册了商标，但没有生产带有这些商标的产品，所以市面上印有这些商标的产品依然是"山寨品"。

这些大公司疯狂注册商标的意图很明显，就是为了不被其他人仿效，保持品牌的独特性，也避免让自己的品牌给其他品牌背书，从而流失客户。

这些公司注册的商标是指经政府有关部门批准注册的商标。申请人有商标专用权，该商标名称和标志受法律保护，任何企业都不得仿效使用。例如，可口可乐公司注册了"雷碧"这个商标，若另有企业生产了以"雷碧"为名的饮品，可口可乐公司就可以对对方进行起诉。反之，如果可口可乐公司没有注册"雷碧"这个商标，就只能忍受"山寨品"蹭自家产品的"热度"而无处诉苦。

因此，经营者在为品牌命名时一定要有品牌保护的意识，多了解商标注册的相关法律知识，不要让自己辛辛苦苦建立起来的品牌为"山寨品"做了嫁衣。

品牌调研：不可忽视的步骤

品牌调研是指通过科学的方法对市场信息进行收集、整理和分析，了解品牌的供求资源，以便更好地把握市场趋势，为品牌的建立提供有价值的参考。

品牌调研要线上、线下兼顾

传统的品牌调研方式为入户调查，由于具备良好的代表性，结果科学可靠，曾深受广大经营者欢迎。但是如今，入户调查触达客户的难度大、调查周期长、资金花费高等问题日益显现，使品牌调研的难度逐渐加大。随着互联网的发展，网上调研开始出现，因它能够便捷、经济地采集大量样本，所以越来越多的行业开始依靠网上调研，应用规模逐年扩大。

虽然随着科技的发展，未来的品牌调研会更多地借助大数据、人工智能等新技术的力量，但这并不意味着线上调研最终会取代线下调研。因为线上调研也存在着诸多缺陷，例如，线上抽样人群不具备抽样代表性，线上调研的数据质量不够可靠，客户不相信线上调研的真实性等。因此，品牌调研要线上、线下兼顾，只有将两种调研方式的样本融合，提高执行效率，才能提升调研品质。

要想实现线上、线下融合调研，经营者需要从以下三方面考虑。

▷ 采用某种抽样方法，使线上非概率样本与入户调查的概率样本相接近。

▷ 根据线下、线上样本的不同权重，对其进行调整。

▷ 根据总体平均值、方差等数据信息，对总体信息进行刻画。

具体的操作步骤，如图 1-1 所示。

第一步，从线下调研的总样本中抽取一个概率样本参与调研，即目标样本。

第二步，根据该样本的性别、年龄、学历、收入、职业等信息，找出网上调研样本中与其最接近的样本，即匹配样本。

第三步，将目标样本、匹配样本相混合，获取整体调查数据。

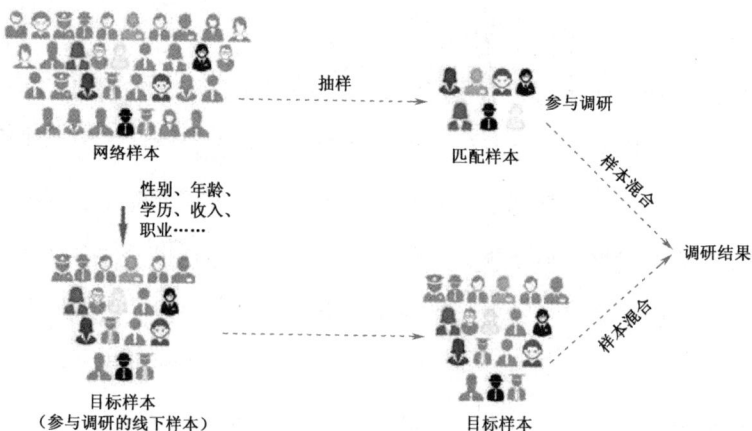

图 1-1　线上、线下融合调研步骤

以某电视品牌的调研为例，该品牌线下调研总数为 1500 个样本，线上调研总数为 1100 个样本。首先，该品牌从线下调研样本中抽取了 490 个样本作为目标样本，其次，按性别、年龄、学历、收入、职业等信息，从线上调研样本中匹配了 490 个样本作为匹配样本。最后，检验这 490 个样本在性别、年龄、学历、收入、职业等特征上是否存在显著差异，接着再对调查结果进行调整和总体估计。经过分析发现，相对于单纯的线下调研，线上、线下融合调研所用的时间更短，效率更高。

线上、线下融合调研在保证传统线下调研抽样代表性优势的基础上，解决了传统线下调研时间长、成本高的问题，并进一步拓展了线上调研的深度，促使品牌调研更加专业和科学，获得了各行各业的广泛认同。

品牌调研要重点关注的五点内容

菲利普·科特勒曾在《市场营销学》中定义："品牌是销售者向购买者长期提供的一组特定的特点、利益和服务。"品牌调研是经营者发展品牌不可忽视的步骤。下面以耐克（Nike）公司的品牌调研为例，介绍品牌调研需要重点关注的五点内容。

耐克是全球知名的体育用品品牌之一，据百度指数统计，耐克的搜索量远超过其他体育用品品牌。

▶ 品牌调研的目的

在开展品牌调研之前，经营者需要先知道品牌调研是为了什么，是增加产品销量、提高品牌调性、了解竞品还是提高品牌曝光度。品牌调研的工作纷繁复杂，经营者要学会主动节省时间，有侧重、有针对性地思考。例如，领导说，我要水。员工要知道他要水的目的是什么，是自己喝还是招待客人，这样才能给领导想要的水。

品牌调研类似于上课，但不是坐到课堂上听课就一定会取得好成绩的。只有知道自己想听什么，有针对性地去听，才能提高成绩。经营者需要先知道自己是谁、目的是什么，然后再有针对性地去调研，这样既节省时间又能少做"无用功"。

▶ 搜集资料的方法

在互联网时代，数据是企业的财富。经营者要学会尊重数据、解读行业报告，充分挖掘数据对品牌调研的作用。除了百度、谷歌、微博、知乎等常见搜索平台，经营者还可以选择专业性强的搜索平台，如谷歌学术、企鹅智酷等。

要想让自己得出的结论不泯然于众，经营者的搜索就要比别人更深入。对此可以用扩散关键词的方法，例如，搜索中医药电商，可以扩散的关键词有受众、产品、政策等，或根据需求做更多的扩展，如市场规模、营销手段等。用这样的方法可以分析出用户因为哪些人、哪些热点事件、通过哪些渠道搜索了品牌。

在整理完关键词后，经营者要建立知识体系树。将无序的信息变成有序的信息体系，方便记忆。

▶ 受众分析

明确产品的目标受众是销售产品的前提。耐克的主要受众聚集在较发达的东部沿海城市，而且以男性消费者为主。耐克将目标人群分为三种，即核心沟通人群、核心目标人群、广义目标人群。

▷ 核心沟通人群

这部分人已经是耐克的粉丝了，他们对耐克产品的某种功能有迫切的需求，如时尚、潮流、归属感等。对于这部分人群，经营者要充分了解他们的需求，通过粉丝圈运营，让他们形成购买习惯。

▷ 核心目标人群

这部分人曾经购买过产品，但对品牌没有太大依赖感，而是因为一些偶然的原因买了耐克的产品。这部分人对产品并非深信不疑，他们会问：买了这个产品对我有什么好处，我为什么非要在你家买等。因此，针对这部分人群，经营者要了解产品的独特卖点，以及一些导流手段，帮助这部分人建立起对产品的认知。例如，耐克的广告语"Just do it"就是在为这些人建立品牌认知。

▷ 广义目标人群

这部分人是指所有会产生购物行为的人，他们可能会在某个契机下购买耐克的产品，如"双11"半价、门店店庆促销等。对于这部分人群，经营者要尽力提高品牌知名度，让品牌成为这部分人购物时的首选。

▶ 品牌策略分析

品牌传播也要有一定策略，一般按照"创造需求""创造体验""培养情感"几个维度来进行。耐克在"创造需求"方面，围绕"Just do it"广告语，将广告的核心定位在鼓励运动上；在"创造体验"方面，其 Slogan 反复倡导"跑了就懂""前排的赢家也从后排开始挣扎"，鼓励大家运动起来；在"培养情感"方面，耐克的宣传文案无一不是在给目标人群"打鸡血"，让他们选择耐克的产品去参加运动。

▶ 策划数据分析

品牌调研要建立在科学的基础上。无论调研期间的监测还是调研后的复盘，数据都很重要，因为它能客观反映一些信息，所以经营者在进行品牌调研时一定要注重数据的作用。

从传播路径来讲，经营者监测的数据类型有社交数据、互联网数据、内容媒体数据、用户访问行为数据等。从数据分析层面来讲，经营者需要熟知的数据概念有 PV（页面浏览量）、UV（通过互联网访问网页的人）、CAC（用户获取成本）、LTV（用户的终身价值）等。

调研一定要避免的五大陷阱

有些经营者认为品牌调研对自己建立品牌没有什么帮助，这并不是因为品牌调研没有作用，而是因为经营者很可能掉进了品牌调研的陷阱。下面介绍品牌调研中常见的五大陷阱。

▶ 远离消费者

"确定项目→设计调研方案→设计问卷→收集数据→分析数据→撰写报告→提案"，这是企业常见的品牌调研流程。看上去完美无缺，实际上却在远离消费者。经营者不能整天坐在办公室里闭门造车，而是需要到市场上亲自走访，和消费者"面对面接触""零距离沟通"，这样才能提高自己对市场的敏感度，更好地了解消费者。

▸ 和营销脱节

品牌调研的最终目的是提高产品销量，所以品牌调研不能和营销脱节，衡量调研的标准，应该是它为营销带来的实用价值。

消费者在购买产品时关心的问题往往十分简单，例如，消费者购买枕头时会询问，枕头是什么材质、枕头怎么清洗等。因此，品牌调研不能为了调研而调研，最后只收获一些数据，完全没有发挥实质性的指导作用。品牌调研应该与企业战略紧密结合，与营销环环相扣，真正看破消费者的内心。

▸ 热衷于研究模型

许多企业做品牌调研时都喜欢用研究模型，认为这样得出的结论更专业。但事实证明，品牌调研仅有研究模型是远远不够的，研究模型只是工具，如果品牌调研不能为客户解决问题，那么这样的品牌调研只是走个形式，无法为企业的决策提供导向作用。

▸ 调研程序机械化

一般来说，企业在进行某些项目时，市场部门会根据项目计划书做出预算。在整个项目执行过程中，所有工作都会严格按照这个计划和预算进行。但是这样就会存在程序僵化的问题：调研人员可能会在品牌调研的过程中发现既定研究内容之外的问题，但由于计划和预算早有安排，调研人员可能不会提出这个问题，这样一来，隐藏问题得不到解决，同时也扼杀了调研人员的积极性，使调研工作进一步僵化。

▸ 不懂品牌、广告和策略

在链路营销时代，品牌调研者只会研究市场是不够的，还需要懂营销、懂广告、懂策略，这样才能深入分析问题，做出来的调研报告才具有实际意义，能为企业解决问题。

数据背后的消费者深度沟通

大数据对如今的企业有着举足轻重的作用，不仅能让企业了解消费者的习惯与喜好，还能帮助企业预测流行趋势。当销售员能根据消费者的习惯与喜好为其推荐产品时，企业就相当于将 VIP 服务大众化，自然可以赢得更优秀的口碑。下面以外国品牌 Birch Box 为例，分析企业该如何利用大数据与消费者进行沟通。

Birch Box 是一家可以申请试用美容商品的电子商务平台，每个月会将不同的美容试用品寄给申请者。申请者试用后若觉得满意，就可以到平台上购买。Birch Box 的一位创始人将此模式定义为"尝试、学习、购买模式"。

自从 Birch Box 开启使用寄送美容试用品的模式后，申请者在平台注册时就需要向平台提供个人的消费资料，包括肤色、发色、穿着风格等信息，以确保其每个月都能拿到自己心仪的商品。在 Birch Box 的实体店面中，也有供消费者在购买东西前使用的试用品，另外，店内还放置了多个 iPad，iPad 上有所有商品信息，消费者可以简单地浏览商品概况，并标记自己想要购买的商品。这些信息会被 Birch Box 收集起来，作为其与消费者沟通的工具。

Birch Box 的商业模式很好理解，试用品寄送的准确性是由消费者提供的信息的准确性决定的。为了得到心仪的试用品，消费者会尽可能详细地填写自己的信息，有了这些信息，Birch Box 对目标消费者了解得也就更加透彻。另外，对试用品的期待会增加消费者的黏性，使其对平台越来越信任，最后自愿与平台保持长期的联系。

　　大数据改变了消费者与企业的互动方式，它可以告诉企业消费者的真正想法。企业通过品牌调研和数据分析，可以让品牌与消费者进行深度沟通。这种深度沟通，是企业为消费者提供精准服务的基础。

品牌资产：在用户心中建立不可替代的价值

品牌资产是指与品牌相联系的，能够增加或减少企业销售产品品价值的资产与负债，它包括品牌知名度、品牌忠诚度、品牌认知度、品牌联想、品牌溢价五个方面。

品牌知名度

品牌知名度是指品牌被公众了解、知道的程度，以及品牌社会影响的广度和深度，是评价品牌名气大小的标准。品牌知名度高的品牌不一定是杰出的品牌，但杰出的品牌，品牌知名度一定高，无论全球 500 强还是中国 100 强，这些品牌中没有一个是无名之辈。

生活中有些销售员常对顾客讲："我们的品牌从不看重名气，只注重质量。"那就可以判断出这个品牌没有知名度，而且产品质量很可能也一般。试想，如果一个品牌，消费者听都没听过，那么消费者又怎么会购买使用，然后得出产品质量好的结论呢？并不是默默无闻就没有好品牌，但是默默无闻的代价是得到市场反馈慢，企业的盈利难以支持运营。虽然消费者有时会说"名气大的不一定是好产品"，但大多数时候他们还是会优先选择名气大的产品。

因此，提升品牌知名度对增加企业资产来说很重要，只有将品牌广而告之，才能吸引更多消费者的目光，扩大品牌影响力，为企业带来更大的效益。

品牌忠诚度

品牌忠诚度是指消费者对品牌偏爱和信任的程度，一般来说，当消费者有以下几种行为表现时，就可以称其品牌忠诚度高。

▷ 单品复购率高

这是一个衡量消费者品牌忠诚度的基础指标。例如，消费者尽管有许多选择，但还是会反复购买同一款鞋子，甚至在推出新品时，也依然购买旧款。

▷ 价格敏感度低

例如，消费者长期使用飘柔洗发水，那么他基本不会因为该洗发水涨价 1 元或其他洗发水降价 1 元而去选择其他产品。如果消费者不受价格影响甚至没有关注价格变化，就说明他对品牌拥有极高的忠诚度。

▷ 眼中无竞品

在品牌忠诚度高的消费者眼中，竞品都会被认为比自己所选的产品差，即使竞品质量也很优秀。例如，在阿迪达斯（Adidas）和耐克的消费者中，喜欢阿迪达斯的人会认为耐克的产品存在缺陷，喜欢耐克的人则会认为阿迪达斯的产品存在缺陷，但事实上这两个品牌都是运动用品品牌中的佼佼者。

▷ 能接受不完美

对品牌的容忍度能很好地反映消费者对品牌的忠诚度。例如，在某品牌因为质量问题受到全民声讨时，依然会有很多消费者坚持相信这只是一次意外，坚定地和品牌站在一起，支持该品牌的产品。他们无疑是品牌最忠诚的消费者。

忠诚度高的消费者多，对企业来说有什么价值呢？

▷ 更具竞争力的定价权

这里的定价权主要指两方面，一是因为忠诚度高的消费者对价格不敏感，所以企业在提高产品价格时也不怕流失用户。二是产品忠诚度高的消费者多，代表着产品销量好，而这能让企业在原材料供货商处拿到更实惠的价格。

▷ 自带传播渠道

企业拥有很多忠诚度高的消费者，相当于拥有了一条免费的传播渠道，甚至比其他传播渠道的效果还要好。因为这些消费者是品牌最直观的代言人，如果这些人中有影响力高的 KOL（关键意见领袖）或明星，那么传播效果会更明显。

▷ 推新品更具竞争力

每个品牌都有生命周期，只靠一件产品打天下的企业，很容易遇到瓶颈，所以很多企业都会不断推出新品，保持其市场占有率。在这种前提下，那些拥有很多高忠诚度消费者的企业会更容易推新。毕竟这些消费者已经对企业非常信任了，尝试新品的可能性也比较大。

▷ 风险承受力更高

忠诚度高的消费者更容易接受企业的不完美，这让企业在遇到危机时，有缓冲的时间去解决问题。当然，如果品牌不能及时解决负面问题，忠诚度高的消费者一旦"脱粉"，可能会给企业带来更大的影响。

企业怎样做才能提升消费者忠诚度呢？具体有以下四种方式。

▷ 产品竞争力是一切的前提

优质的产品是让消费者追随的根本原因，任何取巧的方式都只是一时的，自身实力过硬才是赢得消费者青睐的根本。

▷ 真正把消费者体验放在首位

消费者体验指的不是企业认为的消费者体验，而是消费者真正的体验。消费者感受到产品对于自己有价值，自然就会忠诚于品牌。

▷ 不要过度消耗消费者的信任

获取消费者信任是一个长期的过程。虽然获取消费者信任是为了盈利，但企业切忌"割韭菜"行为，过度消耗消费者的信任只能实现短期获利，不利于企业的长远发展。

▷ 要有知错能改的能力

企业并不是不能犯错的，而是在犯错后要有一个良好的认错态度并及时改正。有些企业在出现问题后，只想着发通告"洗白"自己，却忽略了诚信也是消费者评价品牌的一大标准。

品牌认知度

品牌认知度是指消费者对品牌内涵及价值的认识理解程度。品牌认知度是一个偏中性的概念，消费者对品牌的认知分为"正面的"和"负面的"，例如，一个人说"我太了解你了"，意思可能是"我太了解你有多善良忠厚了"，也可能是"我太了解你有多奸诈虚伪了"。因此，品牌要提升的认知度应该是正面的认知度，而不是负面的认知度。

提高正面认知度的关键是保证产品有正面积极的价值，并利用一定方法向用户强调这种价值。例如，小米手机的价值是性价比高，所以小米手机一直都保持着同品质手机中的价格优势。因此，企业一有机会就要向消费者强调自己产品的这些正面积极的价值，这样消费者才会对品牌形成正面的认知。

品牌联想

不知道大家有没有想过为什么肯德基只卖鸡肉，宁愿推出新品鸡肉饭也不和麦当劳竞争牛肉汉堡呢？答案是因为鸡肉是肯德基的明星产品。

品牌基础词的来源是品牌的明星产品，如肯德基吮指原味鸡、奥利奥饼干、保时捷跑车等。这些基础词为消费者建立了最直观的品牌形象，当消费者购买明星产品后，这个产品的名字就成为品牌的基础词。即使消费者日后使用了该品牌的其他产品，也依然会按照这些基础词来对品牌进行联想。例如，肯德基的吮指原味鸡是其第一个产品，也是它的明星产品。

肯德基主要围绕鸡肉做产品的思路正是由吮指原味鸡这个基础词决定的。

因此，很多品牌为了维护自己的品牌联想，是不会轻易上新的。这是因为一个品牌的容量是有限的，其品类不能无限扩展，必须沿着消费者的既定思路去创新，而不是看到什么产品受欢迎就急忙去分一杯羹，否则品牌记忆点会被稀释，反而让消费者记不住，或者让消费者觉得品牌违背了初心，从而产生反感心理。

因此，品牌是什么不重要，重要的是消费者觉得品牌是什么。营销的目的就是赋予消费者一种正向的联想，占据消费者的大脑，让消费者将关于这些联想的关键词与品牌联系在一起。

品牌溢价

品牌溢价是指品牌的附加价值，简单来说，同样的产品消费者会认为贵的更有价值。例如，纪梵希与 Zara 销售同一条裙子，纪梵希的卖 1000 元，而 Zara 的只卖 100 元，但还是会有很多消费者花 1000 元去购买纪梵希的裙子，并认为纪梵希的裙子质量更好。这是因为在消费者心中纪梵希的品牌形象高于 Zara，所以纪梵希的产品价格贵也是理所应当的。

品牌营销很难彻底脱离价格战，因此，提升品牌溢价能力很有必要，它能让产品的价格更有竞争力。那么，提升品牌溢价能力有哪些方法呢？

▶ 塑造行业领先形象

一般来说，小品牌的溢价能力不如大品牌，国产品牌的溢价能力不如国际知名品牌，这就是为什么爱马仕、Gucci 等品牌的价格更高。因此，企业要想让品牌有更强的溢价能力就要尽量塑造大品牌形象，可以多在主流媒体或知名度高的平台上宣传自己的产品，发布佐证自己是大品牌的信息。

▶ 高品质

消费者购买产品，一般是因为产品的功能能够满足自己的需求。对此，企业应该提升产品品质，确保能满足消费者不能被其他品牌满足的需求，使消费者对品牌建立长期信心，以此来提升品牌溢价能力。

▶ 注重创新

在当前市场中品牌众多，企业要想脱颖而出，就必须赋予自己产品更多的特色，进行差别化竞争。消费者为产品支付更高的价格，产品就必须给消费者更多其他品牌产品没有的回报，这样消费者才愿意买单。

▶ 赋予品牌高档感

在现实生活中人们常愿意为那些高档品牌付出高价。那么如何成为高档品牌呢？功能型的品牌应不断提高技术水平，以让产品拥有更高的使用价值，如 iPhone。情感型的品牌应该注重塑造品牌成功、时尚等文化内涵，引起消费者心中的共鸣，如高端护肤产品等。

然而并不是所有消费者都愿意支付品牌溢价，消费者接受品牌溢价的因素来源于许多方面，究其根本还是产品品质。

02

用户画像：聚焦服务对象，探索用户需求

用户画像是指基于用户行为数据，通过对数据进行分析与加工，产生的用户标签。如女性、90后、喜欢美妆、月工资10000元等。虽然用户画像可以指对用户的任何认知，但这批用户必须是典型用户，他们会用有代表性的方式消费品牌产品，从而保证企业收集到的是大众化的、普遍的用户需求。

从 4 个不同的视角看用户画像

常见的用户画像分为四种类型，包括目标导向型、角色视角型、角色吸引型、虚构型。

目标导向型

目标导向型用户画像是基于"交互设计之父"艾伦·库珀的观点形成的，他认为，一个所谓优良的设计建立在对广泛的人类共通性和特殊群体的个别意向的深刻理解之上，因此它可以对适当的信息、过程和技术进行排序，从而可以使那些特殊群体达到他们的专业和个人的目的。

这类用户画像以最直接的问题为切入点，即关注"我的典型用户想用我的产品做什么"。目标导向型用户画像适合用来检验用户更愿意使用产品的哪些流程，以在交互时更好地实现用户的目标。这里要注意，目标导向型用户画像的应用必须以足够的用户研究为前提，因为它必须提前确认产品对用户有价值，才能进一步考虑如何优化产品交互流程。

角色视角型

角色视角型用户画像也是以目标用户为导向的，同样也关注用户行为。它基于大量的定性和定量数据，关注用户在组织中的角色。一般来说，产品的设计要反映出目标用户在其各自的组织或生活中所扮演的角色。

当产品为主要角色设计时，它最终会使主要角色满意，然而如果产品为每个人而设计，它最终不会使任何人满意，只能沦为一个平庸的产品。例如，OXO 是一个从事卫浴洁具设计和开发的品牌，它最初是发明者为患有严重关节炎的妻子而设计的，因为他的妻子喜欢做饭，但手指握住削皮刀的时候会感到疼痛，于是他从他妻子的角色视角出发设计了一款更为舒适的削皮刀。OXO 的用户画像是那些在厨房中感到困难的人，针对这些人的需求，OXO 从他们的角色视角出发，设计了更便捷的厨具，让他们也能享受烹饪的乐趣。

角色视角型用户画像通过研究用户在现实生活中扮演的角色，以用户的视角思考问题，从而帮助企业设计出用户认为有价值的产品。

角色吸引型

角色吸引型用户画像包括目标导向型画像和角色视角型画像，它更能让使用它的人产生共鸣。其核心思想是，创建一个立体用户画像，让尽可能多的人参与这个画像的建立过程，参与的人越多，用户画像真实反映用户需求的概率就越大，企业为用户提供的产品也就越符合他们的需求。

这类画像关注用户的情绪、背景及他们正在进行的任务，强调与实际情境相融合。让尽可能多的参与者参与并使用，是角色吸引型用户画像应用的一大难点。

虚构型

虚构型用户画像不同于其他用户画像来自对用户的研究，它来自设计团队的经验。它要求设计团队根据过去的经验形成用户画像，因此，这个用户画像很可能会存在重大缺陷，但这个画像上的用户需求可以作为初始草图，参与产品的早期设计，帮助产品搭建框架。但必须注意的是，虚构型用户画像不该在企业研发产品的过程中被作为指导性文件。

用户画像的建立流程

建立用户画像的目的是聚焦用户的动机和行为,避免在宣传和设计产品时草率地以自己的想法代表用户的想法。因此,用户画像的建立一定要按照一定流程,务求其贴合用户的实际需求。

目标分析:用户的标签与属性

合理的、有效的用户画像建立在对目标用户的充分理解之上。经营者要问自己"抛开产品和服务,用户真正想要的是什么"或"用户使用产品的真实情景是怎样的"等问题。

收集用户的态度、行为及一些细节特征的数据信息,对于建立一个具有参考价值的用户画像是至关重要的。收集数据的方法没有标准,访谈、摄影跟随等都可以,只要能达到理解用户的目的就是好方法。

信息收集只是基础工作,重要的工作是数据目标的确立。每个用户身上都有很多属性、标签,太多的信息不仅不能有助于建立用户画像,反而会成为干扰。因此，在收集数据前，企业就要明确自己的研究范围，针对性地挖掘用户信息，排除干扰信息，只提取与自己研究范围相关的用户信息。

体系构建：有目的性地提炼关键标签

待收集到充分的用户信息后，企业要对这些用户的属性与标签进行提炼。这需要企业在众多的用户属性中抽丝剥茧，寻找出关键标签。关键标签是指导致用户对目标产品产生差异行为的核心因素，包括性别、年龄、家庭、学历、性格、价值观、爱好等，企业需要从中识别出用户对产品产生差异行为的主要原因。

例如，金融产品的目标用户选择产品的理由是理财还是消费，以及其办理业务是倾向于通过手机银行还是线下门店。这种差异化选择可能是由收入水平、理财观念、互联网接受程度等决定的。性格、学历、家庭无疑也会对用户的某项选择产生影响。对此，企业要结合建立用户画像的目的，有目的性地提炼关键标签，找出核心问题产生的原因。

在确定关键标签后，企业要将每个变量作为一个维度，去分析收集到的用户信息，将相似的信息归类到同一维度上。例如，互联网接受程度、收入水平、年龄是用户对某项产品产生差异行为的关键标签，企业就可以按照这三个维度将用户信息分成三类，即互联网接受程度相关信息、收入水平相关信息、年龄相关信息。

画像建立：构建层次化的兴趣标签

有了关键标签后，下一步就是通过将每个维度上的信息进行串联，得到用户画像的核心特征，即建立画像。第一步，回顾收集到的用户信息；第二步，尝试连接每个维度上的信息，找出有代表性的用户形象。具体方法有以下两个。

▶ 合理覆盖每个变量两端的"极端信息值"

用户画像的建立过程是在众多的目标用户中找到具有代表性的用户，所谓具有代表性的用户是指在其拥有的核心特征中，某个或多个特征属于极端需求，产品设计覆盖了这部分用户的极端需求，相当于找到了设计的边界，保证了产品对于目标用户的价值。需要注意的是，很多设计人员在设计时能注意到"高信息值"边缘，却注意不到"低信息值"边缘，也就是说，产品可以覆盖专家用户的边缘需求，却无法覆盖"小白"用户的边缘需求，因此，企业在建立用户画像时，要考虑两端的"极端信息值"，即找出极端专家用户和极端"小白"用户。

另外，"合理"二字也很重要。有企业一味地追求连接每个维度的"极端信息值"，想要找到最典型的目标用户。但当这些信息被连接起来还原成一个用户形象时，可能会发现这类人在生活中很少见，甚至万中无一，显然这个"极端信息值"已经偏离了正常用户的范畴。因此，合理连接"极端信息值"很重要，企业的目标用户必须是真实存在的，否则产品设计只能是空谈。对此，最简单的方法是将得出的用户画像与受访用户相比较，看是否可以匹配上真实的人物原型。

▶ 合理地连接用户行为集中的信息值

企业在连接关键标签中的信息时，也需要考虑该特征所属用户群的数量，以防连接出来的只是个架空人物，在现实生活中根本不存在这类用户。对此，企业可以利用受访用户出现频率，将用户画像的特征与受访频率高的用户特征相对照，以确保顺利找到真实的目标用户。

下面以某公司对美食爱好者的用户行为研究为例，分析用户画像是如何建立的。

该公司通过调研，收集了丰富的美食爱好者的行为特征，选取了"美食消费观""美食社交倾向""美食热衷度"及"美食主见度"作为影响用户差异化行为的关键标签，并将从这四个维度收集到的信息进行了分类汇总。

该公司利用上述两种方法将信息进行连接，最终形成了三种用户画像。

第一种用户将"吃"作为了解世界的窗口，对食物抱有尊敬的态度，愿意不惜代价去追寻美食。同时他们还认为研究"吃"、享受"吃"、回味"吃"是很私人的事情，所以很少会主动与别人分享"吃"的感受，但自己会花很多时间去研究、探索、记录美食，并享受这个过程。这种用户可以被称为"美食信徒"。

第二种用户对"吃"的动力来源于分享时的成就感，他们是生活中最喜欢聚会的人。他们谈论起美食总是头头是道的，对哪里打折、哪里有新餐厅开业这类信息烂熟于心，甚至会主动为朋友推荐美食。有时，他们不满足于只分享给身边的朋友，还会在社交媒体上分享他们对美食的见解，甚至可以凭借"吃"的本领，成为网红、美食 KOL。这种用户可以被称为"美食大 V"。

第三种用户有着强烈的社交属性，但与第二种用户不同，他们只是美食的跟随者，自己缺乏主见，但他们身边一般会聚集一群有主见的朋友。所以，每当他们有想要"吃"的欲望时，就会呼朋唤友，参考大家的意见。与其说美食对他们有吸引力，不如说吸引他们的是和朋友们一起享受美食的时光。这种用户可以被称为"美食社交族"。

这三种用户各有特色，代表着生活中大部分美食爱好者的状态。该公司就这些用户画像在与设计人员、产品经理沟通时，得到了充分的肯定，设计人员也表示对美食爱好者的生活有了共鸣，产生了很多设计灵感。

画像使用：精细化运营品牌

在用户画像建立完毕后，接下来就是使用用户画像，将品牌运营精细化。用户画像主要应用于个性化推荐、精准营销、产品设计、用户分析等方面。例如，通过用户画像可以根据用户的属性为其推荐个性化的消息，从而大大提升用户黏性。亚马逊的个性化推荐系统是助其成功的重要因素，亚马逊几乎35%的销售额都来自个性化推荐系统。用户在浏览 App 时，看到符合心意的信息推送，很容易忍不住点进去一探究竟，进而下单购买。

除了通知栏的消息推送，App 的开屏广告、应用内的横幅广告等都是用户接收信息的主要渠道，利用用户画像指导这些广告投放，不仅能降低成本，还能提高点击率及转化率，提升广告投放效果。

那么，企业如何利用用户画像来做精细化运营呢？我们以 App 的精细化运营为例，来分析用户画像的使用方法。

互联网用户的生命周期管理分为获客期、成长期、成熟期、衰退期、流失期五个阶段。不同阶段的特点不同，运营策略也不同。例如，获客期需要注重如何用低成本获取流量，而成长期则需要注重如何提升用户黏性。

▶ 获客期：找到精准人群

App 在推广的初始阶段，需要选择合适的渠道进行投放。企业在这一阶段除了要做好渠道质量调研，还要找到精准目标人群，即精准勾勒出目标人群的用户画像。然后才能扩充相似人群，找到更多的潜在目标用户。

另外，企业还要对用户质量做一个评估，分析数据与用户画像的匹配程度、线下场景的集中程度、设备活跃时间的固定程度等，以此判断出目标用户的真伪，识别出虚假流量和真实流量，过滤转化能力弱的人群，控制获客成本。

▶ 成长期：做好冷启动

在 App 的成长过程中，新用户的冷启动过程非常关键。当新用户使用 App 后，必须让其快速找到 App 的价值，这是将目标用户转化成种子用户的关键。例如，在人际交往中，第一印象十分关键，用户第一次进入 App 也是同样的道理。

虽然 App 可以通过用户引导获取用户的一些基本信息，但这些数据不够客观准确。这时，经营者可以通过第三方数据公司，快速了解新用户的属性和偏好，补全用户画像，及时实现 App 内的精准推荐。有了好的第一印象，用户也会对 App 产生认同感，这对提升用户的留存率和活跃度有相当大的帮助。

> ▸ 成熟期：持续修正用户画像

在 App 的成熟期，用户增长幅度基本已经稳定。这时，用户的活跃程度各不相同，经营者要将这些用户区分开，根据他们各自的行为修正用户画像，推送最精准的信息。对此，经营者可以对用户进行分类，持续观察高活跃度的用户，协同新用户数据与已有用户数据，进一步了解用户，并通过更新内容、商品、活动等手段，探索用户的兴趣点，以便找到满足用户需求的最佳方法。

> ▸ 衰退期和流失期：指导流失召回

在衰退期，大部分用户处于休眠状态。经营者要想办法唤醒他们，重新提升用户活跃度。经营者可以描绘出沉默用户的画像，总结用户的流失行为，针对不同的沉默用户进行差异化的信息推送，激活沉默用户。对已经流失的用户，经营者也不能不闻不问，要做好用户去向分析和卸载用户分析，在合适的渠道里展示内容，尝试召回用户。

03

差异性定位：找准属于品牌的赛道

在当下的市场中，产品同质化现象越来越严重。一个品牌想要获得成功，必须拥有自己独特的价值，即能提供别人不能提供的价值，包括物质价值和精神价值。企业要让消费者形成固定的认知，从而让其在有相应的价值需求时，就能想到自己的品牌。只有这样，企业才能在同质化严重的市场中有立足之地。

头部策略：打造品牌影响力的第一原则

互联网时代是少数头部品牌与众多长尾品牌的时代，各个领域关注度较高的品牌都是赛道中的前几名。显然，头部品牌会获得更多的关注，有更大的影响力。

头部效应决定影响力的潜力

每次"双十一"过后，各大品牌都会宣称自己获得了第一，如全网销量第一、全网交易额第一等，每个品牌都在高调地宣传着自己的"第一"。为什么各大品牌要费尽心思地争第一呢？因为人们总是更容易对"第一"印象深刻，如第一次恋爱、第一份工作等。这就是心理学上的头部效应。

1969 年 7 月 20 日，有个叫奥尔德林的人做了一件大事。很多人都会疑惑这件大事是什么。但如果说起另一个与奥尔德林一样做了这件大事的人，大家就会恍然大悟，他就是第一个登上月球的人，阿姆斯特朗。为什么人们只能记住阿姆斯特朗却记不住奥尔德林呢，这是因为奥尔德林是第二个登上月球的人。因为人们对第一名的偏爱，奥尔德林才一直寂寂无名。

在一个体系内,头部品牌可以吸引消费者 40% 的注意力,而第二名只能吸引 20%的注意力,第三名则是 7%~10%,其余的所有品牌需要一起共享剩余的 30%。

所以,每个品牌都要抢着当第一,因为这会让它们获得更多的观注与曝光度,也将为其带来更多的机会和收益。有了收益,品牌就可以投入资源,巩固第一的位置,从区域市场第一,做到局部市场第一,再做到全局市场第一,形成良性循环,最终使品牌更强大。

如何成为头部品牌,扩大影响力

毫无疑问,成为第一将会为品牌带来更多的便利。那么,品牌如何才能在市场竞争中做到一枝独秀呢?具体有以下几种方法。

▶ 聚焦,在细分市场中做到第一

新品牌在进入市场时还很弱小,很难与头部品牌竞争。因此,经营者这时要把有限的资源集中起来,先在细分领域做到第一。

谈到咖啡,大多数人的第一反应都是星巴克。但有一个连锁咖啡品牌,一经出现,就火爆全美国,大有赶超星巴克的趋势,它就是蓝瓶子咖啡(Blue Bottle Cafe)。蓝瓶子咖啡的创始人对咖啡有着极致的热爱,他不喜欢经过深度烘焙再加上各式糖浆的普通咖啡。所以,他决定开一间为极致咖啡爱好者提供精品手冲咖啡的店。在手冲咖啡领域,蓝瓶子咖啡迅速占领了年轻人市场,成为领域内最具吸引力的咖啡品牌。就连头部品牌星巴克也模仿蓝瓶子咖啡，在菜单中加入了手冲咖啡。

蓝瓶子咖啡正是通过在细分市场做到第一，拥有了自己独特的品牌价值。

➤ 首创，在新的战场里成为第一

如果某个市场尚无人开发，那么第一个进入该市场的品牌就是毫无疑问的第一。市场竞争最忌讳在竞争对手的主战场上与其 PK。如果品牌不能成为某一领域的第一，那就成为另一个领域的第一，甚至，品牌可以创造一个新的领域成为第一。

例如，娃哈哈曾想开发一款新产品，但调查后发现，牛奶领域的第一名是伊利，果汁领域的第一名是美汁源，很多饮品都已经有了各自的头部品牌。于是娃哈哈把牛奶和果汁进行了搭配，推出一款新产品——营养快线，受到了广大消费者的欢迎。如果娃哈哈去挑战伊利、美汁源研发牛奶或果汁，很可能处于劣势，但娃哈哈跳出了竞争对手的战场，创造了一个新领域，轻松成为了第一名。

➤ 错位，在竞争对手的对立面成为第一

错位竞争是指不与竞争对手硬碰硬，不攻击对方的长处，而是找竞争对手的软肋，用自己的长处攻击对方的短处。

例如，麦当劳、肯德基曾占领了中国大半的快餐市场，真功夫没有在西式快餐上与其竞争，而是选择主打中式快餐，轻松在竞争对手的对立面成为了第一名。许多人不喜欢麦当劳、肯德基的油炸食品，于是真功夫就主打营养健康，搭配它的经典的广告语："营养还是蒸的好。"

因此，品牌切忌让头部品牌"牵着鼻子走"，按它们的规则经营永远不可能超越它们。品牌要试着找出头部品牌的劣势，去挑战它们，创造它们无法复制的价值。

▸ 借势，借助第一名的力量

在读书的时候，老师除了会关注第一名，还经常关注跟第一名走得近的同学。同样地，如果品牌暂时无法成为第一名，那么可以借助第一名的影响力，吸引消费者的注意力。

例如，一个新兴的香水品牌想将目标用户定位在中高收入人群，要怎么做呢？品牌可以借助其他行业第一名的影响力，如名牌包等。对此，品牌的广告语可以是：只有某品牌的香水，才值得放进你的 LV 包。因为 LV 已经是人们心中的顶级品牌了，所以当人们看到这句广告语时就会想：是什么香水可以和 LV 包搭配？这样一来就成功引起了消费者的注意。

很多公司在网页上标注的合作机构，都会有阿里巴巴、腾讯、百度等国内知名企业的身影，这就是它们在借助第一名的力量。当浏览到这家企业的网页时，人们会想：这家企业居然和这么多大牌企业合作过，实力一定不差，进而就会多关注这家企业。因此，品牌可以通过"傍大款"的方式，巧妙借助第一名的影响力快速吸引消费者的注意力。

二八法则：20%的变因操纵着80%的局面

意大利经济学家巴莱多认为：社会80%的财富几乎都集中在20%的人手中，而剩下80%的人只拥有20%的社会财富。这就是二八法则，二八法则说明企业经营者必须抓住关键的少数，也就是找出能给企业带来80%利润的关键因素，才能达到事半功倍的效果。

打造产品的独特之处

在脑白金诞生的时候，国内保健品市场的竞争已经非常激烈了，如三株、巨人、红桃K等品牌差不多已经占据了市场的大部分份额，营销手段也是花样频出，为什么脑白金能在如此激烈的市场竞争中分得一杯羹呢？原因是脑白金的广告语"今年过节不收礼，收礼只收脑白金"，给了消费者一个与众不同的保健品消费场景。

之前所有保健品的宣传几乎都是围绕保养身体展开的，但脑白金却选择针对消费者的购买决策进行宣传，当人们想给长辈送礼又不知道买什么的时候，就会想起脑白金。脑白金巧妙地通过"送礼"这一场景赋予了保健品新的功能。

这种独特的销售主张就是人们常说的卖点。美国 Ted Bates 广告公司董事长罗塞·里夫斯认为，一个卖点必须具备三个突出特征：

▷ 卖点不是由企业来强调的，而是通过强调产品的效用让消费者自己意识到的。脑白金通过向消费者反复强调"送礼"这个功能，解决了消费者不知该送什么礼物给长辈的痛点，从而让消费者意识到了"送礼"是脑白金的卖点。

▷ 卖点必须是竞争对手还没有提出或根本无法提出的。"送礼"这一卖点，在保健品领域中，脑白金是第一个提出来的，并且很快通过朗朗上口的广告语深入人心，让其他品牌很难模仿。

▷ 卖点必须具有强大的销售力，能促使消费者快速采取行动。"收礼就收脑白金"强化了收礼一方对产品的认知，即让他们形成一种年轻人给长辈送礼就该送脑白金的印象，从而促使年轻人在挑选礼品时主动选择脑白金。

在药物市场竞争特别激烈的时候，一款名为"白加黑"的感冒药横空出世。这款感冒药把药片分为白色和黑色，将一些促进睡眠的成分加入黑色药片中让病人晚上服用，它的广告语非常直白："白天服白片，不瞌睡；晚上服黑片，睡得香。"在这种独特的卖点的支撑下，"白加黑"上市半年，就实现了 1.6 亿元的销售额，稳居行业第二。

除此之外，还有 OPPO 的"充电 5 分钟，通话两小时"，充电速度快、待机时间长的卖点，曾帮助 OPPO 实现了出货量超过华为的目标；

神舟专车将安全作为自己的卖点，也在市场中获得了一席之地；劳斯莱斯的引擎高转速、低噪音的卖点，使其一直是高端汽车品牌中的佼佼者。

如果经营者感觉自己的产品销售不佳同时又很难改进，就要及时给消费者一个购买产品的理由。打造独特卖点既能提升产品的销量，又能帮助企业在市场竞争中脱颖而出。

在最突出的点上持续发力

企业运营需要解决两个核心问题，一是客户，二是竞争对手。这需要企业尽可能凸显自己的竞争优势，一方面向客户证明，自己的产品是最好的；另一方面向竞争对手证明我的产品更好。那么如何在最突出的点上持续发力，凸显自己的产品优势呢？

▶ 在整体上强调自己更能满足客户需求

A 和 B 两家企业管理软件供应商争取一个生产摄影机的客户。A 企业在与客户沟通时是这样评价自己的产品和 B 企业的产品的："您可能对我们这个行业不熟悉，我们和 B 企业虽然是竞争对手，但各自有擅长的领域。我们专注于离散行业，特别是大型制造业，如机械电子等。而 B 企业专注于化工、石油等领域。我这里有一些之前做过的机械、电子企业的方案，您参考一下。我们和 B 企业都是国内一流的企业管理软件供应商，但我们绝对是您更好的选择。"

A 企业在表面上将竞争对手夸奖了一番，实际上是在夸竞争对手的同时，凸显了竞争对手的弱项，强化了自己的优势。客户在权衡后，肯定会更倾向于选择 A 企业。

　▶ 强化自己的优势，放大竞争对手的劣势

第一种情况属于少数，大部分情况是两个企业优势相同，那这时该怎么办呢？最好的方法是突出自己的优势，放大竞争对手的劣势。

如果己方企业的历史悠久，就可以强调自己的产品质量可靠，信誉有保证；如果竞争对手的历史悠久，则强调竞争对手企业体制僵化。如果己方企业成立时间较短，就可以说自己技术独特、方案新颖；如果竞争对手的成立时间较短，则强调竞争对手的企业经验贫乏。如果己方企业是大公司，就可以说自己的产品先进，技术强大；如果竞争对手是大公司，则强调竞争对手的产品价格高，合作流程慢。如果己方企业是小公司，就可以说自己的价格较低，重视客户，反馈及时；如果竞争对手是小公司，则强调竞争对手的企业缺乏人才，服务质量差。

深圳直线管理咨询有限公司董事长樊小宁说过："许多上市企业获得重大突破的原因都来自对行业的深入开拓。行业战不同于区域战，清晰的行业拓展思路与步骤实施才能让企业事半功倍。"不论己方企业的优势还是竞争对手的劣势都来自经营者对行业的深入理解，只有找到自己突出的优势，并将其深入地挖掘下去，才能找到利润最大化的方法。

永远不要低估一个用户的终身价值

随着互联网的发展，越来越多的用户习惯在购物网站、点评网站、社交网站发布对产品或品牌的评价。众所周知，用户的每一次购买行为都会为企业带来直接利润，那么用户的每次评论行为是否也对企业有价值呢？

用户的评论会影响其他用户对企业的信任度，用户对企业的信任度会影响企业的利润，给企业带来间接的价值。用户对企业的信任度越高，其终身价值也就越高，即用户在未来可能为企业带来的收益越高。

用户的终身价值分为两个维度，一是以用户为价值感受主体，认为用户的价值是用户自己认识到的价值，即用户的认知价值。二是以企业为价值感受主体，认为用户对企业的价值是每个用户在未来可能为企业创造的收益总和，即用户的终身价值。因此，用户的终身价值是企业增加利润的关键点。很多企业习惯做"一锤子买卖"，总是在寻找新用户，殊不知这对企业业务的发展是致命的。

例如，企业有 2000 个稳定用户，这些用户与企业的平均合作时间是 2 年，并给企业带来了 1500000 元的净利润，那么每个用户的终身价值为：1500000 / 2000 = 750 元。

这意味着，每个用户可以在 2 年内稳定地为企业带来 750 元的利润，这个数字是固定的，而一个新用户充满了不确定性，他可能为企业带来更多的利润，也可能带来零利润甚至是负利润。如果企业只看到了第一次的价值，而忽略了用户的终身价值，就很可能会做出一些较为短视的决策，抑制利润的增长。

下面以亚马逊 Kindle Fire 为例，分析如何挖掘用户的终身价值。

Kindle Fire 是亚马逊曾经推出的一款平板电脑，售价为 199 美元。事实上，亚马逊每卖出一台 Kindle Fire 都会亏钱，但亚马逊凭借 Kindle Fire 的电子书等内容，不仅收回了成本，还获得了更多的利润。亚马逊对用户

终身价值的利用方式就是通过内容订阅和附加销售盈利。如果某位
Kindle Fire 的用户订阅了亚马逊的免费配送和电影流媒体的服务，那么
亚马逊就能增加 79 美元的收入。如果这位用户继续购买更多的实体产品
或软件，亚马逊在初期销售平板电脑造成的损失很容易就能被追回。

亚马逊在设备上的损失达 5 亿多美元，而在后期电子书、电视节目、
广告和软件上的收益足足有 20 多亿美元。

亏本销售设备是亚马逊对用户忠诚度的投资。一旦用户有了设备，他
们就很可能去购买他们需要的数字内容。亚马逊抓住了与设备兼容的相
关数字产品这个关键点，深入拓展其价值，获得了更多的利润。

差异性定位的五种方法

明确了品牌差异化定位的好处，接下来就是对品牌进行差异化定位了，常见的方法有以下五种。

剖析竞品，根据竞品特性定位

根据竞品特性定位的主要工作是分析竞品，研究竞品的价值点，以便发现一些更有市场需求的价值，帮助品牌定位。

例如，可口可乐作为历史悠久的食品企业，定位是"传统的、经典的"。晚它一步成立的百事可乐就不能在经典上做文章，所以它主打与可口可乐相对的"年轻的、新潮的"这一价值定位。这一定位将自己与可口可乐做了明显区分，同时又满足了追求年轻、时尚的消费人群的需求，从而抢走了可口可乐的年轻用户。

神州专车曾发布了"九宫格"文案海报，主题为"Beat U ！我怕黑专车"，并聘请了顺顺留学创始人张扬、中国女子马拉松纪录保持者孙英杰等为代言人，海报中的"黑车、安全、私家车"等字样，借助频发的网约车安全事件，以此为突破口，直白地向消费者强调自己的"安全"定位。

当神州专车出现时，滴滴已经是行业老大了，而且滴滴一直占据着"共享"这一定位。于是神州专车另辟蹊径，针对频发的网约车安全事件，把"安全"作为自己的定位，从而和其他品牌争夺重视安全特性的用户。

分析行业发展历史，探究未来趋势

分析所在行业的发展历史，总结出规律，探究未来行业的走向和趋势，顺着这个趋势的价值，很容易找到品牌的差异化价值。

例如，笔这一工具具有如下发展历程：毛笔时代的笔是书写工具，万宝龙时代的笔是身份的象征，圆珠笔时代的笔是学生的玩具，而未来时代的笔是文创产品。针对这个发展趋势，晨光定位了"晨光总有创意"这个核心价值。晨光的工作室拥有一支高水平的设计师团队，从价值设计、工业设计、模具开发到建立品牌形象，形成了独一无二的"全程设计系统"，保证晨光能迅速将新创意转化成产品。

晨光根据文具用品的主要消费群体，即学生喜欢卡通、经常考试的特性，开发了米菲系列、考试笔系列、孔庙祈福系列等产品，皆大受学生群体的欢迎。其中，只米菲系列的营业额一年就能达到 4 亿元。

品类细分定位

品类细分定位是指将品牌所在的大品类细分成许多小品类，然后根据其中一个小品类研发产品，形成与其他产品的差别。这种定位方式常见于快消品行业，是快消品行业塑造差异化价值最常用的方法。

例如，牙膏最初的价值是清洁口腔，市面上的牙膏大多是主打这个功能的。后来，佳洁士进入中国市场，为了形成区分，将牙膏的价值定位为美白抛光，而高露洁则将其定位为防止蛀牙，一出现便占据了大部分市场份额，使国产牙膏品牌全面没落。

这时，国产中药老字号云南白药，率先走在了复兴国产牙膏品牌的前沿。相比依靠广告轰炸来建立品牌形象的外国品牌，国产中药老字号云南白药显然更加专业，更令国人信赖。

云南白药以往一直被国人认为是止血神药，其旗下的创可贴、喷雾等产品广受好评。云南白药牙膏含有云南白药活性成分，其定位为"药物牙膏"，专门为口腔溃疡、牙龈肿痛的人设计，开辟了新的牙膏品类，为国产牙膏在市场中争得了一席之地。产品一经推出，就受到了口腔疾病患者的喜爱。

另外，云南白药是国家质检总局认证的地理标志品牌，是商务部认证的第一批中华老字号。政府认证的加持使云南白药牙膏显得更加专业，也让口腔疾病患者对其产品更加信任。

为什么在快消品行业中品类细分定位的方法如此有效？这是因为虽然每个消费者的需求大致相同，但在具体细节上可能有所不同。例如，虽然每个人使用牙膏的目的都是清洁口腔，但有的人希望美白牙齿，有的人希望改善蛀牙问题，有的人希望治愈口腔溃疡，所以每种细分的品类都能打动一部分消费者。

品牌 IP 化定位

狭义的品牌 IP 化是指将品牌与高人气的名人、电影、游戏等相结合，利用其人气为品牌赋能，最典型的例子就是众多品牌推出的联名款，如 MAC 的王者荣耀系列、安踏的漫威联名款、优衣库的 JUMP 系列等。

品牌将这些 IP 蕴含的话题性和价值赋予到自己的产品上，由此形成了和其他产品的差异化。另外，由于这些 IP 本身就具有极高的人气和庞大的粉丝基础，因此也保证了产品的销量。

广义的品牌 IP 化是指品牌借助动物或人物形象打造出品牌自己的人格化属性，让消费者觉得品牌是一个有血有肉、有灵魂的形象，如三只松鼠、江小白等。

以三只松鼠为例，三只松鼠卖的是"萌文化"，将一个扁平的 Logo 逐渐转变为立体的、完整的品牌形象。不论线上店铺还是产品的包装、赠品都在强化三只松鼠的卡通形象，给消费者留下了深刻的印象。

三只松鼠提出森林食品的概念。将目标人群定位为年轻一代的 80 后、90 后、00 后，结合目标人群有个性、有准则、享受生活的特点，将产品的形象植入消费者的心中，再不断用"萌"的内容向消费者强化这个品牌形象。

在同行业零售休闲食品竞争激烈的情况下，三只松鼠以"萌文化"获得了消费者的青睐。客服亲切地称呼消费者为"主人"，在产品包装箱上写着"主人，开启包装前仔细检查哦"，仿佛真的是三只小松鼠在卖零食一样。三只松鼠将消费者与卖家之间的关系转化为主人和宠物的关系，增加与消费者的互动，优化消费者的体验，同时强化了品牌 IP 的独特性。

情感价值定位

品牌 IP 化的目的是增加产品的情感价值，事实上，品牌不需要刻意 IP 化，也能增加产品的情感价值。

例如，褚橙通过一个晚年创业的励志故事，成功地把普通的冰糖橙变成了"励志橙"，赋予了橙子"励志"的情感价值。

褚橙的创始人褚时健是云南红塔集团和玉溪红塔烟草集团的原董事长。1979—1994 年，褚时健将红塔山打造成了中国名牌香烟，其本人也因此成为了"中国烟草大王"。1999 年，71 岁的褚时健因为经济问题被判处无期徒刑。2001 年褚时健因为严重的糖尿病保外就医，回到家中休养，且被限制活动在云南老家一带。

2002 年，74 岁的褚时健看到云南有些人在种橙子。经过一番考察，他发现云南地区的环境很适合种橙子。后来他经过多方面的市场调查之后，与妻子承包了哀牢山的荒山开始种植冰糖橙。2012 年，褚橙开始通过电商售卖，因其品质优良，酸甜适中，经常一上线就被抢购一空，褚时健又成为了"中国橙王"。

"人生总有起落，精神终可传承"，是褚时健为褚橙赋予的情感内涵。在褚橙故事中，烟草大王、改革人物、古稀之年、牢狱之灾等关键词无形中让人产生一种悲伤的情绪，不自觉地想知道这个曾经的"烟草大王"会有怎样的后续命运。

而"种橙子讨生活"让人产生的悲伤情绪，随着褚橙的渐有起色，被置换成了二次创业的悲壮情怀，再加上褚时健个人坚持的"匠心"，将这种逆境中顽强拼搏的精神变成了褚橙的品牌文化。让每一位品尝橙子的消费者都能感受到一份激励。

赋予品牌情感价值能唤起消费者某一方面的情感共鸣，例如，褚橙主打的"励志"就道出了在逆境中顽强拼搏的人的心声。消费者在购买产品时会不自觉地存在情感倾向性，同样的产品，跟消费者价值观更契合的那个，显然会成为最优选择。

04

产品制造：优质产品是免费传播媒介

产品宣传常需要企业花费一大笔经费，这让很多小企业不堪重负。事实上，
产品的外在宣传固然重要，但产品最优质的传播渠道其实是产品本身。打
造优质产品，促进产品自传播，不仅能扩大产品的影响力，还能稳固产品
的根基。

定位清晰，知道产品是什么

打造产品的第一步是明确它的功能、特点、目标人群都是什么，然后再根据这些信息打造高契合度的产品。

明确要用产品做什么

在现实生活中，产品存在两种形态，一是产品的物理形态，如钢铁、玻璃等。二是产品的功能形态，是指消费者在购买产品之后，体验到的产品功效，它是消费者购买产品的根本原因。

产品的物理形态是无法销售的，因为消费者不需要建造汽车的钢材、制作花瓶的玻璃。物理形态之所以具有价值，是因为它能制作出消费者需要的产品。事实上，产品最重要的部分是它的功能，至于其他部分，如钢铁外壳、铝合金外壳等，都只是区分产品价格的介质，消费者真正想买的是产品的功能，也就是消费者用这个产品做什么。

所以，有些品牌在宣传产品的时候只注重产品的物理形态，这是完全不对的。因为，关于使用钢材的重量、建筑结构等信息很少有人会关注，真正吸引人的是产品的功能是否强大、是否能满足需求。只有知道消费者要用产品做什么，品牌才能有针对性地打造出优质的产品。

追求个性化、简约化、实用化

产品的设计风格一直在随着时代的发展不断变化，消费者的需求会随着一小部分人需求的改变而逐渐改变。当大部分消费者开始接受某一种风格时，新的风格又开始出现，周而复始，生生不息。

极简主义设计是现代流行的产品设计风格之一，采用这种设计风格的产品没有太多的修饰，外形简单、个性独特且注重实用性。例如，iPhone只有一个功能键，没有过多修饰，而且其品牌的宣传海报也非常"简单"，一般以白色为底，配合简单的几何图形。

为什么产品设计要追求个性化、简约化、实用化呢？这是由用户的学习成本决定的。功能多的产品学习难度大、入门慢，没有通用性，而且太复杂的设计容易影响用户的专注度，反而无法突出产品的特色。

例如，在问路时，效果一般的回答是"往前走 100 米，然后右拐走20 米"，虽然说清了大致的方向，但听者在实际寻找的过程中却很难清楚地知道自己已经走了多少米。效果相对较好的回答是"往前走，在第二个路口右拐，之后继续走 20 米"，尽管比第一种表述要复杂，但多了一些明确的参照物，会使听者更容易辨别方向。当然，效果最好的回答方式是给对方一张清晰的地图，他可以边走边看，不用数米数，也不用记住有哪些参照物，寻找起来会更加轻松。

　　这几种回答为什么会存在效果上的差异？这不仅因为这几种回答的精确度不同，还因为这几种回答的学习难度和记忆难度不同。在完成任务的过程中，学习成本越高，认知压力就越大，操作过程就会被认为越复杂。

　　在第一种回答中，听者要记住距离并衡量自己的步数；在第二种回答中，听者要记住参照物和大致距离；在第三种回答中，听者只需要依赖地图，随时调整自己的方向即可，不需要记忆。显然第三种回答的学习成本最低，所以听者会觉得这个回答最好。

　　从前的遥控器通常都有很多功能按键，很多人尤其是老年人需要花很长时间才能学会使用每个按键对应的功能，如图 4-1 所示。

图 4-1　从前遥控器的设计

　　如今，为了提升用户体验，一些厂家对遥控器的设计做出了调整，取消了多按键的设计，尽量采用更简洁的布局，突出主要功能，使遥控器的实用性更强。无论美观程度还是使用感受，都有了很大提升，如图 4-2 所示。

图 4-2　现在遥控器的设计

因此，一件好的产品并不是越复杂、功能越多越好，而是要根据目标用户的特点，突出主要功能，使他们能快速掌握使用方法，节省时间。如果用户为了使用产品，还要专门花时间去学习，那反而增加了用户的负担，用户自然会去选择操作更简单的产品。

锁定目标人群，打造高契合度产品

产品风格的变化是一个否定之否定的过程，新风格否定旧风格然后再被否定。但不管是新风格，还是旧风格，产品的设计都要始终秉持着贴合消费者需求的原则。很多企业都有揣测消费者心理的习惯，却忽略了让产品满足消费者的基本需求。例如，消费者去餐厅吃饭，首先考虑的是菜的味道，然后才是餐厅的环境和服务质量。因此，企业设计产品，要在满足消费者基本需求的基础上揣测其心理，才可以打造出与消费者契合度高的产品。

那么企业应该如何锁定目标人群，发现他们的需求呢？

▶ 务实价值

毫无疑问的是，现在的消费者比过去更加挑剔，也越来越务实，更愿意为高价值和高质量的产品付钱。

美国 Costco 超市是一家会员制的连锁超市，它为消费者提供优质的产品，同时价格非常低，净利润几乎为零，所以 Costco 从不靠卖东西赚钱，而是靠收会员费赚钱。因为 Costco 为消费者提供了务实价值，所以其每年的会员续费率高达 91%。

中国的网易严选和 Costco 很像，也采用超低库存量，帮用户选择高质量的商品，甚至去除了品牌溢价，直接委托工厂生产。而且，网易严选不自建物流，使用中心仓库再委托顺丰发货，在保证物流速度的同时尽可能降低了成本。网易严选迎合了消费者注重产品品质的实用主义消费观念，打造契合消费者价值观的产品。

▶ 展现自我

消费者购买产品不仅出于生理需求，还出于心理需求。例如，豆瓣的用户想向他人展示自己"文艺青年"的形象，星巴克的用户想向他人展示自己"小资"的生活方式，大多数男人喜欢用车来展示自己的身份，大多数女人喜欢用服饰来展示自己的品位……他们都想通过某件产品展示自我与他人的不同。

所以，产品的设计要展现出独特的价值，最好有一个独特的标签，能让消费者对号入座，展现出自己的个性。

▶ 弥补自我

大部分时尚品牌的宣传方式都是向消费者讲述"完美"的故事，如无瑕的肌肤、S型的身材、乌黑的秀发等。然而现在，这种半虚构的营销策略已经开始遭到消费者的质疑了，"完美"不是仅凭一瓶洗发水、一件衣服、一瓶面霜就能达到的状态，它需要长时间的积累，而消费者往往没有耐心等这么久，他们更想马上看到效果。

例如，小米6手机的"变焦双摄"功能，可以瞬间让销费者变美；高跟鞋可以立刻让消费者增高10厘米；粉底液可以迅速掩盖销费者皮肤上的瑕疵，这都是在帮消费者弥补自己的不足，而且时间短、见效快。

▶ 人物共情

一些所谓的有个性的产品，都有帮消费者表达情绪的功能。例如，饿了么与网易新闻联合推出的丧茶快闪店。这家奶茶店主打"丧文化"，先后推出了"没希望"酸奶、"负能量"奶茶等，契合了当下年轻人的一些负面心态，让消费者能通过一杯奶茶来表达自己的情绪。

再如，江小白的"表达瓶"，通过瓶身文案放大饮者的情绪，使酒成为自我表达的工具，引发其在消费者群体间的传播。

消费者的购买行为并不是一个纯理性的过程，因此，企业的产品设计要与消费者的情绪产生共情，才能驱使消费者购买产品。

▶ 实现梦想

实现梦想是比较高的消费层次，也就是常说的为情怀买单。例如，小米手机一直主打"为发烧而生"，是因为小米手机刚出现时曾让众多手机发烧友参与手机研发。这些发烧友除了喜欢小米手机的性能，还对小米品牌有一种无法割舍的情怀，这种情怀会让其一直选择小米手机。

重视质量，打造产品美誉

只有过硬的质量才能为产品带来好名声。因此，企业应严格把控产品质量，统一产品质量标准，实现工业化开发。

建立严格的产品质量管理体系

法国波尔多葡萄酒享誉世界，有"法国葡萄酒皇后"的美称。该地葡萄酒的生产过程，从种子、土壤、种植到发酵有着一套完整的质量标准体系，甚至形成了一整套品牌文化，在这种品牌文化下，波尔多葡萄酒的质量很少出现瑕疵。

华为也是如此，从流程管理到标准量化，跟随消费者的需求发展而逐渐完善，最终形成了非常严格的质量管理体系。

那么，华为的质量管理体系是如何成长起来的呢？

▶ 基于流程来抓质量

最初，华为将目标锁定在了产品流程上。当时，印度软件行业发展迅速，于是华为在印度建立了研究所，向印度学习软件质量控制，将 CMM（Capability Maturity Model for Software，软件能力成熟度模型）引入华为。

"IPD+CMM"是华为建立质量管理体系的第一个阶段。IPD（Integrated Product Development，集成产品开发）和 CMM 是全球通用语言体系，它们的应用使华为的质量管理体系在国际业务中更容易被客户理解。

在第一个阶段，华为实现了基于流程抓质量。在生产过程中，这套体系通过严格规范流程保证了产品的一致性。

▶ 基于标准抓质量

随着业务在欧洲大范围铺开，运营商多、标准不一成为华为质量管理体系的新问题。

华为在为每一家运营商服务时，都会仔细了解其标准，再将信息反馈给国内的设计、研发、生产等部门。欧洲客户有一套详细的质量量化指标，对接入速度、稳定运行时间等都有具体的规定。在几年前，华为的新产品都要根据每个国家用户的需求、政府监管要求、行业质量标准做适配后再发布。经过几年的摸索，华为已经可以全球统一发布新产品了，这要归功于华为这些年对质量标准的摸索。

在第二个阶段，华为意识到了标准对于质量管理的作用，华为在基于流程抓质量的基础上，强化了标准的作用，通过量化质量指标生产出最符合客户要求的产品。

▶ 基于文化抓质量

随着对日本、韩国等市场的开拓，华为对质量有了更深刻的理解。在欧美市场上，只要产品的达标率符合要求就可以被定义为好产品。但在日本并没有产品达标率一说，日本客户认为即使只有千分之一的缺陷，也代表着产品尚存在改进的空间。

零缺陷、极致，这样的质量标准考验着华为的员工，让他们意识到在流程和标准之外，还有更高的质量要求，而这需要对企业质量文化的建设。只有将质量要求融入企业文化，使高质量成为所有员工的共同追求，才能实现零缺陷。随后，华为以克劳士比的"质量四项基本原则"即质量的定义、质量系统、工作标准、质量衡量为基础建立了华为的质量原则。

在第三个阶段，华为开始引入克劳士比的零缺陷理论，构建企业质量文化，每一个员工的工作都要完美无瑕，以保证产品零缺陷。

▶ 基于客户体验的闭环质量管理体系

待完成了流程、标准、文化等维度的建设后，"如何让客户更满意"成了华为的新问题。于是，华为开始学习卡诺的质量观。日本的卡诺博士将用户需求划分为三个层次，即基本型需求、期望型需求、兴奋型需求。

基本型需求是指消费者认为产品"必须"具有的功能，如手机的通信功能。当这个功能缺失或使用感很差时，消费者会很不满意；反之，当该功能满足使用需求时，消费者也不会表现出意外的情绪。

期望型需求是指产品比较突出但非必需的功能，如手机的拍照功能。这类需求是消费者期望得到满足的，一旦产品具备该功能，消费者就会感到满意。

兴奋型需求是指超出消费者意料的产品功能。当这个功能缺失时，消费者不会表现出不满意，但当这个功能被提供时，消费者会感到惊喜，会更容易忠于品牌。

在第四个阶段，华为开始更加重视用户的体验。借助这个基于客户体验的闭环质量管理体系，华为在 2016 年获得了"中国质量奖"。

严格的质量管理体系可以带来稳定的产品质量，而稳定的产品质量可以提高产品的调性，增加产品的美誉度。

重视产品与服务质量

标准和流程并不是企业质量管理的全部，固定的标准缺乏灵活性，无法适应多样化的市场情况。在如今经济全球化的大背景下，企业只有重视产品与服务质量，将质量管理变成企业文化，才能从根本上提高产品质量。

在华为建立质量管理体系的过程中，从流程管理到标准化控制，再到追求零缺陷，最后建立以客户体验为导向的闭环质量管理体系，充分彰显了华为对产品与服务质量的重视。华为的业务线复杂，质量管理体系并不容易统一，要保证产品的质量，需要每一位员工都能确保自己的工作质量，所以华为将质量要求变成了企业文化，根植于每位员工的心中。

华为在 2010 年建立了客户满意与质量管理委员会，这个组织是一个虚拟组织，它存在于公司各个层级中。公司的轮值 CEO 亲自担任该委员会的主任，而且每一个层级都有相应的责任人。这样，华为的每一个层级都能对质量有深刻的理解，从而明确客户的需求，能针对客户最关心的问题改进产品。

华为认为，创新要向美国学习，质量要向德国、日本学习。可以说，华为的质量文化，是以德国、日本的企业质量文化为基础打造的。

德国企业以质量标准为生产基础，以自动化、智能化为手段，致力于建立排除人力干扰的产品质量控制体系。德国特别关注规则、流程的建设，并在行业内有统一的标准，甚至被其他欧洲国家作为范本采用。德国的质量理论奠定了华为质量管理体系的雏形，即以流程、标准严格规范质量。

日本以精益生产理论为核心，注重减少浪费和提高效率，认为质量不好相当于浪费。与德国的排除人力干扰相反，日本高度关注人的作用，充分发挥员工的主观能动性，强调对全体员工日常工作的改善，以推动整体工作流程的改善。日本的质量理论为华为向零缺陷及以客户体验为导向的质量管理体系过渡奠定了基础。

华为认为高质量企业的根本是文化，只有全体员工重视质量，将零缺陷作为自己的工作目标，才能劲往一处使，生产出零缺陷的产品。文化的形成是一项慢工程。虽然几十年来市场潮起潮落，新的风口不断出现，但华为提出了"脚踏实地，做挑战自我的长跑者"的口号。任正非说："华为公司这只'乌龟'，没有别人跑得快，但坚持爬了28年，也爬到了行业世界领先。"

"慢跑"虽然不能在短期内为华为带来收益，但华为一再强调战略耐性，几十年如一日地打磨产品质量，为企业发展赢得了未来。华为消费者 BG 手机质量与运营部长马尔斯说："文化的变革才是管理变革的根本。大质量管理体系需要介入公司的思想建设、哲学建设、管理理论建设等方面，形成华为的质量文化。"正是因为华为具有重视产品与服务质量的企业文化，其产品才能享誉全球。

产品质量公关要快速、真诚

3·15晚会曾曝光饿了么平台存在大量无照经营的黑作坊，这些黑作坊藏在网络的背后迷惑消费者，危害着消费者的健康。这一报道引发了大量消费者的担忧，也令饿了么平台在一夜之间失去了大量用户的信任。但之后，饿了么平台进行了公开整改，淘汰了近30%的商家，并成立了食品安全部，负责督察食品安全。这种公开的"亡羊补牢"的举措使饿了么平台换来了消费者更多的信任，不但没有倒下，反而获得了日订单金额500万元的好成绩。

显然，饿了么平台这一波针对产品质量的公关做得非常到位，不但没有失去消费者的信任，还挽回了损失、提高了业绩。现实中企业经常会面临质量公关的考验。消费者的信任是很脆弱的，往往会因为一个小问题就对企业丧失信心，特别是当企业对产品质量问题处理不当时，这个概率可能还会加大。如果企业产品存在质量问题，经营者一定要高度重视，快速、真诚地处理问题，给消费者一个满意的交代，避免推诿、沉默，使其丧失对企业的信心。

当下的媒体环境非常复杂，除了主流媒体，社交媒体的影响力也越来越大。这样的媒体环境在为品牌传播提供便利的同时也使企业质量危机引发的后果越来越严重。因此，企业在做公关之前就要梳理好内容，以便让消费者更容易理解和信服。对此，企业公关要坚持以下几个原则。

▷ 高度重视、有备而来

再优秀的演说家也不可能保证依靠"临场发挥"就能应对媒体提问，所以，企业公关团队要提前全面预估可能面临的问题，并准备好最佳答案。只有这样，当公关团队面对媒体尖锐的问题时，才能从容应对。

▷ 长期与媒体保持良好的沟通

很多企业总是在质量危机出现时，才想到找媒体沟通，以减少负面影响，这样做的效果并不是最好的。媒体应该是企业的合作伙伴，企业应长期与媒体保持联系。只有长期沟通才能赢得媒体的信任，使媒体在质量危机出现前为企业预警，在争议出现时做出对企业有利的评价。

▷ 保持开放，坦诚沟通

企业在与媒体沟通的过程中，遮遮掩掩或有意回避都会给公众留下糟糕的印象。企业应保持专业的态度，不卑不亢地表达出自己的观点，才能获得媒体和公众的尊重。

▷ 保持冷静与理智

企业在发展势头好的时候可能会遭遇无良媒体的不公正报道或竞争对手的故意抹黑。在处理这类不实的质量危机时，企业的公关团队要保持冷静和理智，了解事情的真伪后再做回应，用客观的证据击破谣言，做到有理有据，坦诚而克制。

▷ 发言人要注意细节

企业的官方发言人在见媒体之前，一定要经过专业的培训。知道什么话能说，什么话不能说。因为发言人担任公司的职务，所以他说的每一句话代表的都是公司的态度而不是个人的态度。例如，发言人出席媒体活动，一定要穿着正装，态度谦逊，以表现出对媒体和公众足够的尊重，这样做会在无形中为企业加分。

面对质量危机，企业应该如何做好公关工作呢？具体有以下几种方法。

▷ 日常舆情监控

企业需要实时关注竞争对手的动态及行业发展状况，以便及时做到危机预警。这样当质量危机发生时，企业才能有序处理问题，及时召回产品，处理相关责任人及更换供应商。

▷ 24 小时内公开回应

在质量危机公关的过程中，企业的态度非常重要。对此，企业要快速、及时地给予公众回应，最好由 CEO 本人公开发表声明，并在第一时间对受害者进行补偿。与此同时，企业还要尽快展开调查，查明原因，还公众一个真相。

▷ 质量危机后的整改

质量危机公关重在时效，越快越好，企业查明原因后，最好立刻进行整改并邀请第三方行业权威机构对整改结果进行评估监测，以消除公众疑虑，重新建立与消费者的信任关系。

产品是免费的传播媒介

许多品牌都十分注重对产品口碑的建设，这是因为产品是企业最好的传播媒介，产品既能展现企业的实力，还能传播企业的文化。

产品用质量来说话

小米的创始人雷军说过："好产品自己会说话！"这句话很多人都听过，也有不少企业把它作为经营的信条。产品是一个品牌的核心，也是其保持生命力的关键。因为消费者购买的始终是产品本身，眼花缭乱的广告只能让消费者在短时间内对产品产生兴趣，而不会让他们成为产品忠实的用户。

德国有 1300 家专注于细分领域的企业，这些企业不急于扩张，也不"崇拜"营销，大多凭借着过硬的品质赢得客户的口碑。"德国制造"向来都是高品质的代名词，所以才催生出了许多的"隐形冠军"。这些企业在专业细分市场中处于领先地位，虽然在公众中的知名度并不高，但有很多成功的经验值得其他企业借鉴。

辛恩特殊钟表有限公司（简称辛恩公司）是一家为飞行员、特种部队、潜水员等提供特种手表的公司，是特种表行业的领头羊。辛恩公司为了制造出能在各种极端条件下应用的"计时工具"，研发了多项专利技术，如氩气除湿技术、滴定技术、高硬度防刮技术等。这些技术有自主研发的，也有借鉴其他行业的现有技术的。辛恩公司把它们运用到制表业中，解决了手表在极端环境下的显示不清、容易碎裂等问题。

辛恩公司有 117 名员工，15%~20%是研发人员。但关于手表的设计并不取决于研发人员的"一言堂"，而是广泛听取各方意见。无论从业多年的老员工还是实习生，都可以对设计提出建议，并且他们的建议拥有同样的被采纳概率。

辛恩公司从未找过明星代言，也不屑于做广告，其始终坚信"极致的产品会说话"。产品的口碑比任何广告营销都要重要。

辛恩公司强调员工技能培训和企业文化建设，公司的每位员工都对产品富有责任感，他们把组装一块手表视为自己的使命。这种企业与员工的双向认同使员工的流动率大幅降低，并赋予了辛恩公司继续向前的动力。

俗话说，"酒香不怕巷子深"。好的产品，都有属于自己独特的语言，消费者可以通过产品看到设计者的故事，了解其想向人们传递的内涵。如建筑大师弗兰克·劳埃德·赖特设计的流水别墅，利用环保材质，依山而建，与自然融为一体，消费者很容易就能从这种设计中体会到设计师返璞归真的设计理念。

自传播需满足的 5 个前提

"好产品自己会说话"不单指产品靠技术和质量博得消费者的喜爱，有时也可以指产品本身的自我推销，即自传播。所谓自传播是指产品会主动表达具有传播性的信息。带有这种特征的产品，本身也就是一种媒体，可以进行自我宣传。

这种自身带有传播性的产品，一般需要满足 5 个前提，分别是提供谈资、帮助表达、拉近关系、展示形象、展示地位。

▶ 提供谈资

传播很多时候是在人们闲聊的过程中完成的，这种相互的交谈可以有效地实现信息一对一甚至一对多传播。闲聊的关键就是谈资，即一个能引起讨论的话题，这种话题要足够有吸引力，能引起人们的好奇心，从而让人主动传播。

如果产品的某一方面能成为这样的话题，就能起到自传播的作用。如"你知道吗？小米出了一款双面屏手机"或"你知道吗？卫龙辣条居然开了个旗舰店，装修得跟苹果体验店一样"，这些话题足够"新""奇"，是听者不知道的或是超出他们固有认知的。这些带有反差性的信息会在听者的脑海中留下深刻的印象，从而让他们无法忘记。

▶ 帮助表达

所有人都希望自己是独一无二的，消费者希望产品能体现出自己的个性，从而实现自我表达。如果产品能实现这一点，代表某一类人的特质或引领某一项潮流，也能起到自我推销的作用。例如，三元牛奶与故宫联合打造的"宫藏·醇享"系列，通过国风创意包装，紧跟大热的国风潮流，帮助喜欢国风的人实现了自我表达。

▶ 拉近关系

人具有社会属性，是不能离开群体而独立存在的。因此，在人们的生活中时刻存在交际的场合，不管是发展一段新关系还是巩固既有关系。如果某一种产品能帮助人们维护和他人之间的关系，那么它就能实现自传播。

2018 年，江小白与罗振宇跨年演讲《时间的朋友》合作推出了"私人定制瓶"。消费者可以自己设计文案和图片，定制属于自己的江小白，从而表达自己对时间的感慨。

"私人定制你的美好瞬间"是江小白打出的口号。这个私人定制服务受到了年轻人的广泛好评，江小白也从白酒升级成了一种表达情感的工具。一时之间，公司年庆、同学聚会，都开始流行赠送江小白。

▶ 展示形象

虽说个体隶属于群体，但个体与个体之间也是不同的，每个人都有不同的性格、价值观和兴趣爱好，这些都是他们的形象特征。如果产品恰巧符合消费者的这些形象特征，如热爱阅读、喜欢宠物、运动达人等，产品就可以实现自传播。

Kindle 是亚马逊生产的电子书阅读器，其采用电子墨水屏技术，还原纸书阅读体验。屏幕在阳光下也无反光干扰，而且机身设计纤薄轻巧，方便单手持握。另外，Kindle 一次充电可以续航数周，方便在旅行、出差等情境下使用。

Kindle 的出现无疑是阅读爱好者的福音，它既拥有纸书的阅读体验，还弥补了纸书比较重、不易携带等缺陷，更不像其他电子产品那样长时间使用会损伤视力。而且 Kindle 里有海量电子书可供选择，各类题材应有尽有，使用者可以找到自己想要的任何一类题材的电子书。

另外，Kindle 还配套有免费的阅读软件，可以实现智能手机、平板电脑和 Kindle 设备之间的阅读进度共享，这个功能为 Kindle 创造了更加优质的阅读体验，更符合阅读爱好者们"随时随地"看书的需求。

Kindle 的单一功能，将它的用户限定为"爱读书"的人，使任何一个拿着 Kindle 的人都能展示出读书爱好者这一形象。

▶ 展示地位

人类一般通过展示某种优势来获得群体的认同，确定自己在群体中的地位，这是群体动物的一个特点，因此人人都存在攀比心理。如果产品能成为人们某种地位的象征，让消费者可以通过无声的语言展示自己的地位，满足其攀比的心理，那么产品就可以实现自传播。

形成产品自传播的 8 种策略

产品自传播有如此强大的优势，那企业要如何做才能实现自传播呢？具体有以下 8 种策略。

▶ 重流程

前文提到过产品能形成自传播不仅与产品质量有关，还与产品是否具有传播特性有关。因此，企业在设计产品时，就要充分考虑什么样的设计才能让用户更愿意去分享。

例如，三只松鼠会在每个订单中额外赠送一套吃零食的工具，包括果壳袋、封口夹、湿纸巾等。这样贴心的设计考虑了用户没地方处理包装纸及吃零售手会脏等情况，且这个服务是别家店铺没有的。用户体验到了在别家店铺没有的服务，他们分享的意愿自然会大大加强。

▶ 可视化

当人们来到一个陌生的地方想找一家餐厅就餐，却不知道如何选择时，一般都会直接选择一家人气兴旺、大排长龙的餐厅。这种现象被称作"社会证明"，人们在日常生活中的很多决定都是模仿别人做出的，因为别人掌握着自己不知道的信息，所以别人的行为可以作为自己的参考。

可视的事物更容易激发大家行动的欲望。有两种方法可以让事物具备可视性，一是将私人信息公开，为其他人的选择提供一个公开的标准；二是创造行为剩余，让他人主动模仿自己的行为。

近年来出现了许多网红景点，当看到有人在朋友圈分享重庆穿楼而过的轻轨奇观时，无数旅游爱好者纷纷前去"打卡"；当看到大家排队喝摔碗酒时，很多人也会产生体验一下的想法。这些网红景点大部分都存在了很长时间，但社交媒体让它们具备了更强的可视性，这才引发了人们的追随和传播。

▶ 个性化

近年来，随着消费升级，消费者对产品品质的要求越来越高，特别是在美妆行业，因为每个人的肤质都不同，所以很多消费者希望能找到一款专属于自己的产品，定制化美容产品也因此成为市场的一大趋势。

例如，兰蔻曾推出过一款私人定制粉底液，专业的美容师会先用仪器评估消费者的肤色，采集皮肤数据，仪器会显示出消费者的肤质和推荐色号。另外，消费者还可以在滋润度和遮盖力上提出要求，并微调颜色。最后，粉底液会直接通过机器灌装，并贴上消费者的个人专属标签，而全过程只需要 30 分钟。

兰蔻的私人定制粉底液一经推出便秒杀了其他品牌的刻字等定制服务。已经体验过的用户纷纷在社交媒体上晒出自己的粉底液，引得其他网友大呼"想要"。

▶ 植"彩蛋"

如果在百度上搜索黑洞、跳跃、翻转、闪烁、抖动、大风、布谷鸟等词，我们会看到不同的特效，听到不同的声音。这是百度为了优化搜索体验而植入搜索引擎中的"彩蛋"，以便用户能更直观地了解搜索词。

人们主动分享的事物一般是不常见且新奇有趣的，因为分享的人会觉得其他人可能也没见过，以此获得其他人的关注。因此，产品如果能有一些意料之外的功能，也能促进产品的自传播。

▶ 超预期

海底捞的服务曾让海底捞在网络上受到极高的关注。事件的起因来源于一条微博："昨天在海底捞，我无意中跟朋友提起从京东抢的大画册怎么还没送到，然后结账时服务员问了我的京东账户，今天一早三本大画册就送到啦！"这条微博被转发了 3 万多次，迅速为海底捞这家神奇的餐厅赢得了极高的关注度，许多网友纷纷晒出自己在海底捞享受过的服务，让这种超预期的服务成为海底捞的标志。一些消费者甚至慕名而来，只为体验一次海底捞的服务。

▸ 参与感

该事物和自己有关也是人们愿意主动分享的原因之一。对此，企业可以让用户参与产品的设计。小米可以说是对"参与感"最有发言权的企业了，从第一代小米手机起，小米的所有产品的设计研发几乎都有用户的参与。小米将原本冰冷的产品变成了用户的朋友，促使他们主动将产品介绍给他人。

▸ 加文案

有趣的段子也容易被传播。对此，企业可以在产品文案上下功夫，将文案变成段子，帮助产品传播。如某灯具的文案是："灯！等灯等灯！好东西，终于等来了。"该文案利用谐音吸引消费者的注意，既告诉了消费者产品上市的消息，又用"好东西"三个字强调了产品质量。

▸ 抓热点

热点是最好的传播载体，因为其本身就具备极高的关注度和话题性，消费者很容易自发传播与其有关的东西。例如，华帝在俄罗斯世界杯开始时声称："如果法国队夺冠，华帝退全款。"这个活动在开始时的关注度并不高，但随着法国队进入八强，议论这个活动的人越来越多。

直到法国队赢得俄罗斯世界杯冠军，这个活动开始在朋友圈疯狂刷屏。虽说最后华帝退给消费者的是购物卡而不是现金这一点受人诟病，但这个活动引发的关注绝对是空前绝后的。可以说，华帝牢牢地将产品与世界杯冠军法国队绑定在了一起，让自家产品有了和世界杯同样高的关注度。

用户生命周期模型

当前，大量互联网企业应运而生，不同于传统企业，它们的营销目标通常是"获取用户"。例如，农夫山泉的营销目标是销售更多的矿泉水，而 QQ 的营销目标是让更多人下载 App。在这个过程中诞生了诸如"拉新""留存"等新的营销概念，而传统的品牌理论也遭到了新经济体的"肢解"。品牌营销自然也出现了新模型，最典型的是"增长黑客"理论中的用户生命周期模型。

用户生命周期模型又名 AARRR 模型，其认为用户的生命周期分为"引入期—成长期—成熟期—休眠期—流失期"五大阶段（见图 4-3）。提到用户生命周期就必须提到一个相关概念，即用户价值，不同阶段的用户价值各不相同。下面以理财产品为例，分析用户生命周期模型。

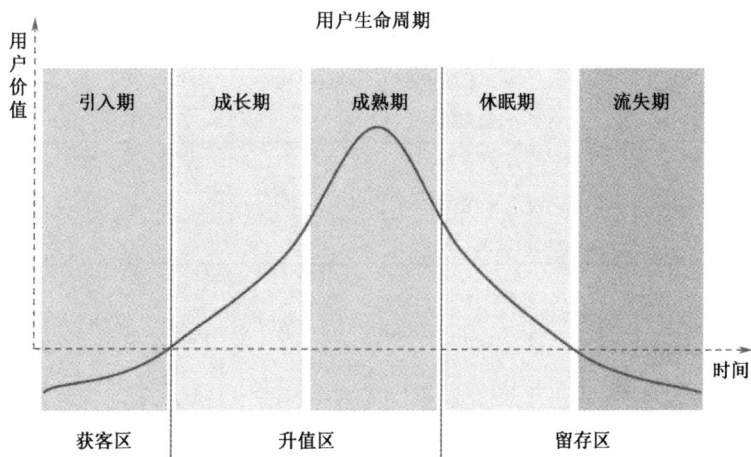

图 4-3 用户生命周期模型

既然处于生命周期不同阶段的用户价值各不相同，就说明生命周期每个阶段的用户都有其各自的运营指标，那么怎样知道用户是属于生命周期的哪个阶段呢？首先企业要对用户进行分层，然后对不同层级的用户实施不同的运营策略（见表 4-1）。这样做也是为了将用户运营精细化，提高用户的留存率，为口碑传播、收益增长提供更大的可能性。

表 4-1 理财产品不同层级用户的运营策略

用户生命周期	用户分类	用户特征	切换节点	关键指标
引入期	新手用户	信任度低，对产品规则不熟悉	各种渠道→下载→注册	CPS、CPA 下载转化、注册转化
成长期	成长用户	对产品有好感，愿意主动尝试	注册→绑卡→投资/交易	绑卡转化率、投资/交易转化率
成熟期	成熟用户	信任产品，并越来越认同产品，愿意推荐产品给他人	投资/交易→复制→多投	投资/交易用户数、人均投资/交易金额、人均持有产品量、ARPU 值
休眠期	疲软用户	对产品的依赖越来越低	多投→赎回→少投/不投	具体活跃度、疲软用户数、疲软用户占比
流失期	流失用户	对产品不太满意导致卸载/找到替代产品	账户无在投产品→30 天未登录	流失率

如表 4-1 所示，在生命周期的不同阶段，用户都有其各自的关键转化节点。那么对于处于生命周期不同阶段的用户，具体该运用哪些运营手段呢？如表 4-2 所示。

表 4-2　理财产品在生命周期不同阶段的运营手段

用户生命周期	成长区间	运营手段
引入期	用户增长区	主要为提升用户的绑卡/投资率
成长期	用户增值区	主要为激活用户、刺激复投、引导传播
成熟期		
休眠期	留存用户区	主要为做好留存措施，以及完善召回机制
流失期		

元気森林的圈粉法则

在当下年轻人最喜欢的饮料品牌中，元気森林绝对榜上有名。从无人问津到火爆全国，元気森林仅用了 4 年的时间，公司估值更是达到了 40 亿元。元気森林是如何做到成功"逆袭"的呢？

▶ 日货外衣

市面上的日系进口食品在年轻人中一直都很有人气，因为人们对日本食品的印象是质量安全、颜值高且符合健康食品的理念。元気森林借助这一认知，从公司背书、包装设计到产品理念等，都从日本文化中借势。品牌名称采用了日文"気"，而不是中文"气"；包装设计采用了日系清新风格；产品推出 0 糖 0 脂 0 卡的健康食品理念；企业申请了"江户茶寮""黑沢"等日文商标，还在日本成立了分公司，为公司背书。

▶ 渠道：连锁便利店

元気森林作为一款饮品，深谙线下销售渠道的重要性。由于产品受众大多是年轻人，所以元気森林主要占据了核心城市的便利店渠道。选择在一二线城市的连锁便利店销售，既提升了品牌的档次，又成功抓住了"渠道力"。通过精准选择线下销售渠道，元気森林"圈粉"了大批目标受众，也让众多竞品无法对其构成直接的威胁。

▸ 超级产品：0糖0脂0卡

随着消费者健康意识的觉醒，近年来无糖饮品正成为饮料行业发展的新趋势。热衷于"佛系养生"的"90后""00后"，又喜欢喝饮料又怕胖，而元気森林可以完美化解这个矛盾。元気森林的系列饮品，0糖0脂0卡，满足了年轻人对饮品的需求，同时还满足了他们对健康的需求，可以说是"佛系养生"的最佳解决方案，因此，品牌自然会受到年轻人的追捧。

元気森林的产品研发团队找到了一种既有甜味口感，又没有太多热量的代糖物质——赤藓糖醇。这种代糖除了价格略高，没有传统无糖饮品中添加的"阿斯巴甜"在口感和健康上的争议，真正做到了无糖和健康。

▸ 借势营销，超级传播

除了产品可靠，元気森林对营销也是非常重视的。元気森林利用线上、线下相结合的传播方式，为产品聚集人气。

▷ 明星聚势。元気森林先后邀请了邓伦、魏大勋、王一博、SNH48等明星作为苏打气泡水的推广大使，形成了强大的粉丝效应。

▷ 直播带货。元気森林利用直播销售的新形式，并辅以"短期缺货"的饥饿营销手段，为产品营造供不应求的感觉。

▷ B站（哔哩哔哩）圈粉。元気森林的目标人群是年轻人，作为二次元人群聚集地的B站显然是其最优质的推广渠道。元気森林对B站美食纪录片《人生一串》《生活如沸》的赞助，成功将产品与当下年轻人喜欢的烧烤、火锅等食品建立了联系，强化了产品 0 糖 0 脂 0 卡的特点。

▷ 小红书种草。元気森林饮品的特点，决定了其会更受女性群体的欢迎。针对这一特点，元気森林瞄准了以女性为主的种草社区——小红书，促进流量变现。元気森林平衡了女性"低脂无糖"和"喜爱甜味"的矛盾需求，因此收获了大量粉丝，并借助受众的自发传播实现了流量的裂变。

▷ 线下强势刷屏电梯广告。元気森林在线下与分众传媒强势合作，霸屏电梯广告，精准触达年轻的白领用户，使品牌再添新热度。

元気森林"圈粉"的每一步都是环环相扣的，从产品设计到营销宣传，每一步都落在了目标消费者的痛点上，自然促成了产品如今的火爆人气。

提升产品使用体验的三种方法

想让品牌在社交媒体上获得二次曝光,最好的办法就是让产品的使用体验超出用户的预期。所以提升产品使用体验是非常有价值的,对此,企业可以使用抓住用户的"五感"、拆解产品的使用过程、建立一套专属的仪式感程序这三种方法。

抓住用户的"五感"

从企业的角度来看,产品的特征可以分为成分、功能、外观、成本等。但普通消费者看到一个产品,不会说"这个产品的成本是多少""原料是什么"等,只会说"这个东西好漂亮""闻起来好香"等。所以,消费者对一个产品的评价更多的是从自己的主观感受出发的。只要消费者感觉好,就会忍不住拍照分享,反之,就会给产品差评。至于这个产品成本多少、设计人员花了多少心血去制作,消费者很少会在乎。

因此,大部分企业都喜欢从消费者的角度去考虑产品设计。对此,企业可以选择抓住用户的"五感",即视觉、听觉、嗅觉、味觉、触觉去设计产品。“五感”是人类感受世界的基本途径，只有经过专业的学习，有些人才会从产品的成本、材质、原料等角度去评价产品。

所以，经营者在设计产品时，需要“还原”自己，想想自己在成为“专业人士”前是怎么评价产品的，而这就是大多数人评价产品的方法。例如，一个火锅品牌的招牌菜是毛肚，我们该如何从“五感”的角度分析毛肚的特征呢？如图 4-4 所示。

五感	
视觉	产品的大小、形状、颜色、成分
听觉	生产工艺的呈现
嗅觉	闻起来无多大味道
味觉	无味（适合涮火锅）
触觉	吃起来很脆

图 4-4　用“五感”分析毛肚

如图 4-4 所示，这样可以清楚地看出毛肚吸引消费者的特征。从视觉上，消费者可以辨别毛肚的新鲜程度等；从触觉上，消费者可以辨别毛肚的口感，而其他“三感”则不会对消费者有太大影响，所以这家火锅店应该注重提升毛肚的外观和口感。

拆解产品的使用过程

企业通过"五感"找出产品的"爆点"后，接下来要做的就是拆解产品的使用过程。产品的使用过程可以大致分为使用前、使用中、使用后。使用过程在企业设计产品时很容易被忽略，因为一般企业都是从产品原料、制作工艺、外观等角度考虑产品的体验的。例如，"毛肚"这个产品的使用过程可以分为"服务员端菜上桌—消费者准备动筷—消费者夹到锅里涮—消费者吃到嘴里—消费者吃完"五个环节。

那要怎么根据这些使用环节提升用户体验呢？例如，巴奴火锅改进了"消费者夹到锅里涮"这个环节（见图4-5），推出了"七上八下"的吃法，建立了涮毛肚的标准。

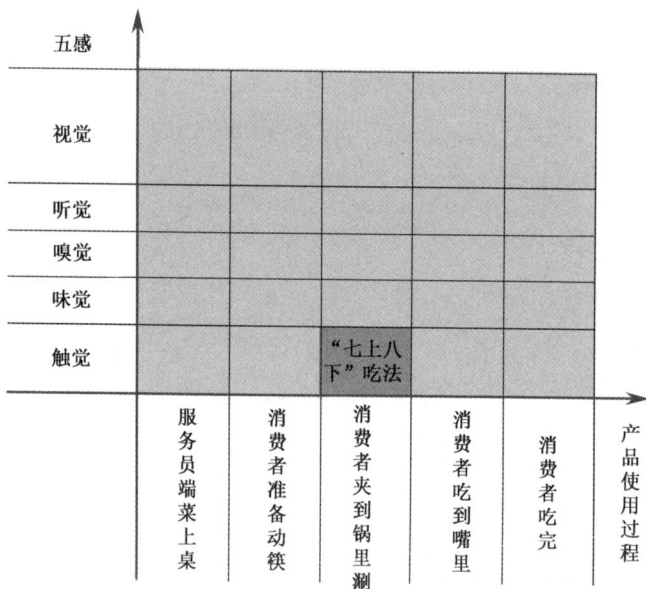

图4-5 "七上八下"吃法在"五感"图中的位置

巴奴火锅通过优化消费者吃毛肚的过程，既提升了产品使用体验，又为消费者营造了一种独有的仪式感，促进了消费者主动分享和传播。

又如，锅说火锅店改进了"服务员端菜上桌"这个环节，营造视觉爆点，即推出比脸还大的毛肚。

建立一套专属的仪式感程序

仪式感是指在使用产品时的一些特定的手法和步骤，即产品在宣传标语、包装设计、交互动效等方面融入的一些"小心机"。适当地加强仪式感可以满足用户的某种情感需求，优化他们的使用体验。例如，一包茶叶和一杯开水就可以泡一杯茶，但是爱好喝茶的人会经过烫杯、洗茶、冲泡等步骤去泡一杯茶，这就是喝茶的仪式感。

仪式感对人们的情绪有着巨大的影响。在当今市场中，产品同质化越来越严重，产品创新越来越难，而用户要求越来越高，在产品的设计中融入仪式感，可以增加产品的意义和价值，让用户在细节处获得新奇的体验，促进他们和产品建立长期的情感联系。

那么，产品仪式感应该怎样塑造，才能切实提升用户体验感呢？可以参考以下几种方法。

▶ 流程复杂化

很多产品为了降低用户使用成本，都采用极简的设计风格，无论外观还是功能都追求越简单越好。但这个原则并不适用于所有产品。复杂的流程可以延缓欲望的实现，延缓的时间越长，用户投入的精力就越多，期望值就越大,实现目标时的幸福感就越强烈。例如,中国园林中大量运用回廊、九曲桥这样的设计,这样的曲线路径比直线要耗费人们更多的体力,给人们营造了一种进入新空间的仪式感。

任天堂 Switch Labo 系列的厚纸板配件,需要玩家自己拼装,虽然拼装过程会耗费玩家大量时间,但玩家也能通过自我挑战不断获得趣味。

▸ 营造氛围

营造氛围是指让用户处于一种情境中,能更好地专注于产品本身。

▷ 留白。留白被广泛应用于绘画和平面设计中,它是指通过合理利用空白,来呈现一种更开阔的空间意境,给人留下更多的遐想空间,从而凸显仪式感。

▷ 声音。耳朵是人类最重要的感官之一,耳朵使人们具有听觉,声音能快速唤起人们的情绪。例如,QQ 新消息的提示音、QQ 好友上线的敲门声、Windows 的开机声等,人们只是看到这些字眼,就能想象出对应的声音,这就是一种由声音赋予的仪式感。

▷ 视觉。电脑隐藏面板的打开过程常会伴随着一些特殊的动效,当点击页面中的一个按钮时,按钮会逐渐放大继而弹出隐藏面板,而关上隐藏面板时,它又会变成按钮。

用户在初始接触这个按钮时,并不了解即将发生的情况,但随着按钮逐渐变大并载入动效,用户很快便能记住发生了什么,而不会觉得面板突然出现或消失,全无征兆也没有记忆依据。这个放大又缩小的动效就成为打开隐藏面板的一种专属仪式。

05

产品定价：如何定价能实现利益最大化

定价对产品而言是一个非常重要的环节，它能直观体现出产品的调性和档次。定价高了，容易让消费者望而却步，定价低了，容易造成企业亏损。对此，企业应该结合品牌的定位及目标消费人群，合理进行定价。

常用的四种定价策略

常用的定价策略有四种，分别是新产品定价、差别定价、心理定价、折扣定价。

新产品定价：新产品如何定价才能打开市场

当企业推出一款新产品时，其产品定价是需要经过慎重考虑的。新产品由于其"新"的特点，在市场上的竞争对手不多。然而一件新产品往往会有成本高、消费者认知度低的劣势。因此，新产品定价，企业不仅要考虑快速收回成本，还要考虑消费者对新产品的接受程度。新产品定价可采用以下三种策略。

▶ 撇脂定价

撇脂定价是指在新产品刚刚被开发出来的时候，企业为在短期内补偿开发成本并获取高额利润，将新产品价格定得大大超出成本，然后再逐渐降低价格。因此又称高价策略。

实行撇脂定价需要满足以下 3 个条件，如图 5-1 所示。

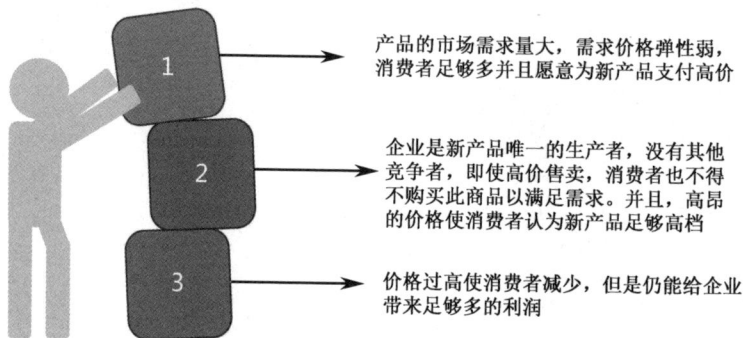

图 5-1　实行撇脂定价需要满足的条件

西贝餐饮名下的外卖企业西贝麦香村，在定价时就采用了撇脂定价策略，其产品价格比其他外卖品牌高出 10～20 元，以弥补其高昂的租金成本，获取利润。

▶ 渗透定价

渗透定价是指企业将新产品的价格定得相对较低，以低廉的价格吸引大量消费者购买，主要目的是提高市场占有率。渗透定价能使新产品迅速打开销路，抢占市场，使企业在市场份额上占据优势地位。

实行渗透定价需要满足以下 3 个条件，如图 5-2 所示。

▶ 满意定价

满意定价是指企业将新产品的价格定在一个适中的水平，既不过高，也不过低。满意定价制定的是一种中间价格，它可以使消费者和企业都比较满意，愿意接受。

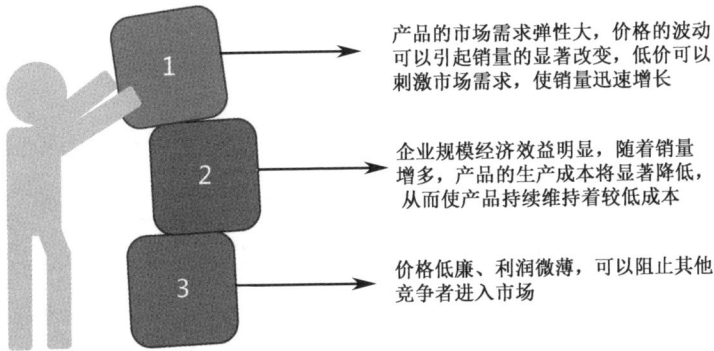

产品的市场需求弹性大，价格的波动
可以引起销量的显著改变，低价可以
刺激市场需求，使销量迅速增长

企业规模经济效益明显，随着销量
增多，产品的生产成本将显著降低，
从而使产品持续维持着较低成本

价格低廉、利润微薄，可以阻止其他
竞争者进入市场

图 5-2　实行渗透定价需要满足的条件

差别定价：不同顾客愿意支付不同的价格

差别定价是指对同一种产品根据不同消费者、在不同的市场上制定不同的价格，并且定价和产品的成本是不成比例的。这种定价方法又称为弹性定价，是根据顾客愿意支付的价格来定价的。

这种定价方法实际应用的范围比较广泛，例如，工业用电和生活用电的生产成本是一样的，但是价格不同。这样的定价方法使价格更加接近每个消费者所能承受的最高限度，从而使企业在保证销量的同时，在每个消费者身上获得最大利润。

实行差别定价需要满足以下 4 个条件。

▷ 产品所面向的市场必须是可以细分的，不同细分市场表现出不同的需求程度，这样企业才能够细分不同的消费者群体，从而制定差别价格。

▷ 产品面对的市场之间必须是分离的，也就是说产品不能在不同的细分市场之间流通，否则差别定价就不会成功，价格高的产品无法卖出，而价格低的产品将会在各个细分市场内流通。

▷ 企业必须具备一定实力，被差别定价的产品的质量是有保证的，这样才能让消费者信任，从而让消费者不去购买其他可替代的产品。

▷ 差别定价的范围是十分广泛的，企业要实行差别定价策略，应基于细分市场、体验优劣、时间、动态定价、产品价格等，按照供需状况随时调整。

心理定价：顾客对产品有心理价位

产品能够满足消费者的需求，有很大一部分原因是产品的价值能够满足消费者的心理需求。产品的价格也会使消费者在心理上产生相应的反应。因此，企业可以通过研究消费者的心理因素，将产品的价格定得符合消费者的心理，从而在为消费者提供产品使用价值的同时，满足消费者的心理需求，以形成消费者对品牌的偏好。

产品心理定价的方式主要有尾数定价、整数定价、声望定价、习惯定价、招徕定价、谐音定价等几种形式。

▸ 尾数定价

尾数定价是指在定价时给产品定一个结尾不是整数而是零头的价格，如 9.98 元、3.99 元等。这种策略在生活用品定价中经常使用。虽然价格和整数之间并没有相差太大，但是能让消费者认为 9.98 元比 10 元更划算，从而产生产品物美价廉的心理感受。

▶ 整数定价

与尾数定价相反，整数定价是企业故意将产品的价格定成整数，显示产品高档、质量好。这种定价策略一般适用于价格较昂贵的产品，如耐用品和高档产品。消费者通常会产生"一分钱一分货"的心理，认为价格高的产品肯定质量好，从而在选择时倾向于购买比较昂贵的产品。

▶ 声望定价

消费者常有"名副其实"的心理，认为名气大的品牌，即使价格高昂，也是值得购买的。消费者的这类心理反应一般在面对稀缺品、高档品牌时会出现，如豪车、名表、珠宝、古董等。有些消费者甚至认为高价才是身份与地位的象征，这可以带给他们更高程度的心理满足。

▶ 习惯定价

习惯定价是指产品在市场上长期价格固定，已经使消费者形成了习惯，这种价格被称为习惯价格。例如，由于消费者经常购买日常消费品，已经在心中形成了习惯标准，只有符合消费者习惯标准的价格才会被接受。如果价格出现变动，当价格降低时消费者会怀疑产品质量有问题，当价格升高时消费者会购买其他品牌的产品作为替代。

▶ 招徕定价

招徕定价是指企业为迎合消费者的求廉心理，将产品价格定得低于其他品牌，用低廉的价格吸引消费者购买，虽然可能利润不高，却有可能让消费者对品牌印象深刻，从而带动整个品牌各类产品的销售。

▶ 谐音定价

谐音定价是指企业针对消费者讨口彩的心理愿望，在标价中使用"6"

（六六大顺）、"8"（发财）等数字制定比较吉利的价格。

折扣定价：降价促销吸引顾客

折扣定价是一种常见的定价方式，具体是指企业对销售的商品的基本价格进行某种程度上的让步，通过直接或间接的方法降价，从而吸引消费者，扩大销量。折扣定价又分为直接折扣和间接折扣两种。这些方法对于企业增加销量、迅速获取利润、打开市场、清理库存、提高周转率很有帮助。

▶ 直接折扣

▷ 数量折扣。数量折扣是指企业根据消费者的购买数量，划定不同折扣标准，购买数量越多，购买商品的折扣越大。数量折扣的目的是鼓励消费者集中、大量购买产品，使消费者成为长期的、有忠诚度的顾客。这种方法在快消品行业中比较常见。数量折扣主要有两种形式，分别是累计数量折扣和一次性数量折扣。

累计数量折扣是指消费者在一段时间内购买商品的总金额达到一个标准，就能按总量获得的折扣，如"双十一"期间累计消费满 1000 元享 9 折优惠等。一次性数量折扣是指消费者一次购买的产品达到一定金额，就能获得的折扣，如满 1000 元减 400 元等。

▷ 现金折扣。现金折扣是指在规定的时间内，消费者提前付款或用现金付款，可以享受的一种折扣。现金折扣的目的主要是鼓励消费者尽快付款，进而提高企业资金周转率，减少其成为坏账的可能，从而降低财务风险。现金折扣的实施一般包含三个要素，分别是折扣比例、能够得到折扣的时限、付清货款的期限。

▷ 功能折扣。功能折扣是指企业根据其中间商在分销环节中的位置和功能，制定不同的折扣。目的是鼓励中间商大量订货，扩大企业的产品销售，形成良好的合作关系。除此之外，功能折扣还可以对中间商的成本予以补偿，从而使中间商有一定盈利空间。

▷ 季节折扣。企业销售的季节性鲜明的产品，如羽绒服、电风扇等，一般需要实施季节折扣从而平衡季节之间的利润水平、调节供需矛盾。

企业在考虑季节折扣的具体措施时，应当主要考虑产品的生产成本、储存成本，以及基本价格和资金利息等。商品的季节折扣有利于库存商品的快速周转流通，加速资金回笼，使企业均衡稳定生产，避免因季节需求变动带来的市场风险。

▶ 间接折扣

▷ 回扣。回扣主要是指购买者按企业提供的价格购买产品并付款后，企业按一定比例将部分货款返还给购买者。这里的购买者，一般是产品分销渠道的中间商，而不是产品最终的消费者。回扣一般是企业给中间商的销售补贴。

▷ 津贴。津贴主要是指企业出于某种特定目的，以某种特定形式给特定消费者在价格上或其他方面的补贴。例如，以旧换新业务，将旧货折算后，消费者支付余款换取新产品，常用于更新换代快的产品，旨在促进新产品销售。

四种经典的定价方法

市场营销中有四种经典的定价方法，分别是 BOM 定价法、九宫格定价法、基于竞品定价法、基于用户定价法。

BOM 定价法

BOM 意为物料清单，是一种基于产品成本制定销售价格的方法。一般计算方法为产品价格＝BOM 价格×（1＋毛利考核指标），大部分产品成本和毛利考核指标相对稳定的产品都会采用 BOM 定价法。但溢价能力强的产品显然不适合只依据产品的成本来定价，因为其附加的服务费、人工费、推广费才是溢价能力强的产品价值的真正来源，所以在计算此类产品的销售价格时也要把这些费用计算在内。

九宫格定价法

九宫格定价法是根据产品的价格和品质两个维度进行定价的方法，如图 5-3 所示。

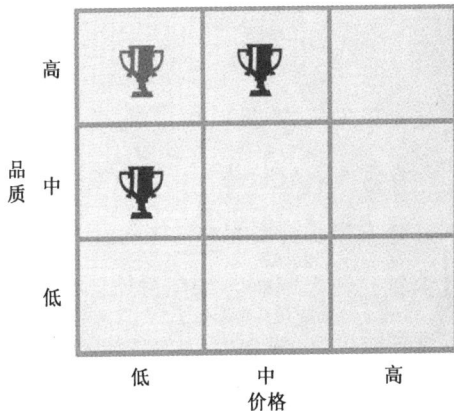

图 5-3　九宫格定价法

采用这种定价方法时，比较理想的情况是高品质对应高价格、中品质对应低价格、高品质对应中价格，以便为消费者营造一种物超所值的感觉。

基于竞品定价法

一款产品的竞争力，主要是根据它是否比竞争对手的产品"好一点"来决定的，在其他因素相同的情况下，价格也是进行比较的一个因素。有些新品牌进入市场不久，就可以用比竞争对手的产品价格优惠一点的策略打开市场。当服务与品质相似时，价格的高低就成了"圈粉"消费者的关键。在与定位不冲突的情况下适当优惠，可以让产品快速进入市场。

基于用户定价法

大多数的产品都属于买方市场，用户对产品的价格有很大影响，因此要根据产品的用户画像来决定价格。这时就需要考虑用户对价格的期望水平，进而明确目标用户对价格的承受区间。

价格敏感度测试是一个明确目标用户期望价格的方法，通过衡量用户对不同价格的满意程度，了解用户认为合适的价格，最后通过绘制趋势图呈现出来，如图 5-4 所示。

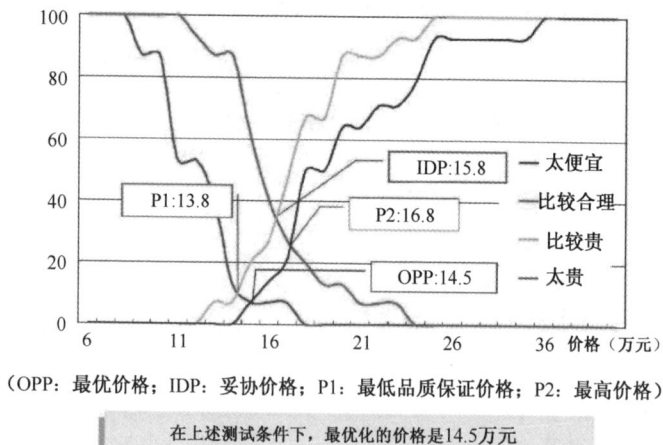

（OPP：最优价格；IDP：妥协价格；P1：最低品质保证价格；P2：最高价格）

在上述测试条件下，最优化的价格是14.5万元

图 5-4　价格敏感度测试

高品牌不可能零投入，配置最高性价比资源

塑造优秀的品牌离不开企业的资源投入。企业需要进行合理的资源配置，安排好线上、线下投入资源的比例，以便用最具性价比的方式打响品牌。

线下投入做品牌

现在大多数传统企业虽然都开辟了线上销售模式，但在传统媒体上的广告投入依然没有减少。传统的线下媒体，如电视广告、报纸杂志等载体依然在扩大品牌影响力与宣传推广时发挥着重要作用，企业想要快速扩大新品牌的影响力，线下投入是必不可少的。例如，在人流较大的地方铺设品牌宣传海报，在商场大屏幕放映广告，在地铁站和市中心张贴大幅广告等。

各大在线教育平台可以说是线下广告投放的典范，特别是在一二线城市中，地铁车厢、公交站牌、小区电梯等地方，各种在线教育平台的广

告随处可见。电梯广告更是投放的重点。因为教育行业存在决策、付费群体和使用群体错位的情况，付费的是家长，而上课的是孩子，所以，教育企业必须覆盖家庭消费场景，触达更多的家庭成员，才能增强品牌影响力。

电梯是家庭生活的重要场景，一家人共同使用的可能性极高，因此也是促成家庭消费共识的重要场景。全国 100 个城市社区中的近百万部电梯，日均可触达近两亿人，是在线教育品牌传播的坚实流量支持。

线上媒体传播广

由于网络的发展和电子商务的兴起，线上成为传播信息的重要渠道。线上触达的用户范围广，将信息接收者转化为消费者的可能性也大。微博、微信公众号、个人网站、视频网站及各种 App 等媒体都是能为企业宣传品牌带来大量流量的渠道。

网红酒江小白和星座博主同道大叔曾联合推出了一款十二星座瓶身包装的限量版白酒，不同的星座包装上都配有专属的酒话文案，叫一众网友直呼"句句扎心"。产品一经推出，就迅速引爆了社交圈。产品发布的单条微博阅读量超过 1000 万次，其相关话题#星座酒话#在短短几天内引起网友的热议，讨论量直接达到了 2.9 万，话题阅读量超过 350 万次。借助微博强劲的传播力，江小白迅速红遍了大江南北。很多江小白的老粉丝都开始参与定制属于自己的星座白酒，而一些在此之前对白酒不感兴趣或不知道江小白的人也纷纷跟风定制。

江小白在白酒中一直被贴上特立独行的标签，其营销文案和瓶身变化总是切中正在奋斗的年轻人的痛点，与那些有态度、有追求、有理想的年轻人紧紧捆绑在一起，并且通过年轻人聚集的社交媒体进行传播。年轻人的行动力加上社交媒体的传播力，让江小白这个品牌在短时间内就实现了大范围传播。

06

品牌 IP：讲好故事扩大品牌影响力

品牌 IP 化可以增强品牌的辨识度，凸显品牌的个性和社会价值，同时让品牌具备持久的传播力，准确触达目标消费群体。对此，企业要讲好品牌故事，以更生动、更人性化的形式接触消费者，扩大品牌影响力。

品牌故事与情感共鸣

当初大品牌们动辄上亿元的营销预算与铺天盖地的广告，使消费者培养出了广告免疫力。如今，无论直接宣传还是间接植入，已经很难打动消费者了。因此，企业要与消费者建立情感联系，让他们理解品牌，自愿购买产品。一个好的品牌故事正是建立情感联系的绝佳工具。

罗永浩如何用"理想主义者"打动用户

罗永浩开展过一场推广锤子手机的演讲，演讲的主题是《一个理想主义者的创业故事》。在这场演讲中，罗永浩没有花费大量的时间介绍锤子手机的外观、性能，除了寥寥数语介绍了一些具体的销售数据，重心放在了他不断拼搏的创业经历上。

在演讲中，罗永浩提及了他在手机行业创业中遇到的种种困难，以及他个人克服这些困难的方式、获得的收获及事后感想。这次演讲的效果非常好，罗永浩的故事让许多观众产生了共鸣，丰富了锤子手机的品牌形象。

在演讲中，罗永浩提到了四个主题，分别是锤子科技遇到的困难、锤子 T1 的数据及理念、"天生骄傲"的品牌价值观、告别"理想主义创业者"的身份。

罗永浩通过这四个主题，向消费者及其他故事受众、甚至是竞争者传递了一个在逆境中坚持初心的品牌故事。故事受众从中可以看到罗永浩在面对竞争者的商业挤压和舆论抹黑时展现出来的坚持品质的决心、研发手机 T1 时做出的众多努力、锤子科技坚守的"天生骄傲"的品牌理念及罗永浩决心放弃"理想主义创业者"的身份转变为企业家的决心。

罗永浩通过这个故事向消费者展现了企业创业过程的不易、产品研发的艰难过程、品牌的理念及品牌未来的发展决心，不仅赢得了消费者的支持和认可，也成功通过故事扩大了品牌的影响力，为企业品牌做了一次有力的宣传推广。

罗永浩的《一个理想主义者的创业故事》演讲是一次与其他手机品牌的发布会截然不同的宣传形式，他重点向消费者宣传手机背后的故事而不是手机本身的客观数据属性，很显然，故事的形式让演讲变得鲜活而有力。

综上所述，企业在发展品牌时，用一个易于传播的故事形式，能够更好地引起消费者的共鸣。在大多数时候，用故事这种传播形式传播品牌的价值观和核心理念，能够传递比广告更多的内涵，能更加具体地丰富企业的品牌形象，使企业变得有血有肉，从而更容易让消费者信任与依赖。

如何讲好品牌故事

企业想要讲好品牌故事，就必须考虑故事的各个要素，并针对各个要素一一进行完善，将品牌信息传递给消费者，使故事和消费者产生共鸣。能和消费者产生共鸣的故事，有以下三个特点。

第一，背景真实化。将故事的背景尽可能地放置在真实的生活环境中，让故事发生的环境和背景描述更加贴近消费者的生活环境，让故事的受众感到故事是真实的，是贴近现实生活的。

例如，京东的创始人刘强东的个人故事就从他年轻时作为大学生和普通创业者的经历开始讲起，这样贴近普通人生活背景的故事有利于故事受众接受并代入自身。

第二，人物模糊化。放弃一部分人物设定，不需要将人物的能力、经历和性格描述得太详细。人物描述得太具象，虽然能使人物形象更加鲜明，但在整个故事中描述出来，可能会令没有经历过这些事情的故事受众感到迷惑，从而降低对故事的亲切感和代入感。

广大互联网企业在讲述品牌故事的时候就注意到了这一点。例如，阿里巴巴在讲创始人的品牌故事时，就模糊了创始人的专业技术能力，而着重讲述创始人马云不屈不挠努力奋斗的成功故事。这样能够使故事的受众更有代入感，从而有利于故事的传播和品牌的推广。

第三，情节借鉴性。大多数故事并不是独一无二的，它们可能拥有相似的情节，这些情节大多借鉴了在普通人身边发生的事情。这也是大多数互联网企业的故事看起来都很相似的原因。企业借鉴生活中的某些情节，把它们化用到故事中去，不仅能使故事情节更具有可读性，也更能让故事受众产生共鸣。

　　能够让故事受众产生共鸣的故事就是好故事。利用以上这三点，组织企业的品牌故事，让品牌故事能够引起消费者的共鸣，将有利于企业品牌形象的树立和传播，也有利于消费者熟悉并记忆品牌，即使故事的受众不能成为品牌的消费者，也能成为品牌故事的传播者，扩大品牌的影响力。

品牌故事三定律

好的品牌故事必须符合三个定律，即结构完整、人物对话贴近现实、多次修订。

第一定律：结构！结构！结构！

品牌故事可以建立品牌联想，并且让消费者持续关注与探讨。每个故事都可以被拆成几个基本的要点，即开端、发展、高潮、结局，这些故事的结构是组成故事的基础。借助结构，可以更容易创作出打动消费者的品牌故事。

▶ 开端

▷ 一个人物。形象鲜明的主人公，是每一个故事的标配，是带领读者开启故事的人。但很多企业的品牌故事常常弄错重点，将自己当作了主人公，而非消费者。例如，很多企业喜欢在公司网站宣传董事长的光辉履历、员工的风采，而这一切和消费者并没有太大关系。

所以，企业要学会转变视角，将消费者定位为开启故事的主人公。例如，一个温泉度假村的故事应该是关于消费者的一次奢华的度假经历：在温泉中心享受按摩，在后廊的树林中享受下午茶，在高尔夫球场打球。这个故事很容易让消费者产生代入感，联想到美好的度假时光，从而选择去温泉度假村度假。

▷ 一个熟悉的场景。营销人员可能会发现，对那些精心设计的广告和品牌故事，消费者并没有那么在意。但是那些不经意展现出的与消费者生活、工作经历相关的事，反而会被其津津乐道。例如，京东创始人刘强东与前女友分手的事，曾在互联网上有很高的热度，媒体甚至还自发进行了报道，传播效果比京东的广告还要好。

这是因为失恋、分手是人们熟悉的经历和场景，这种经历和场景更容易引起人们的共鸣。江小白就是利用了这个特性，故意用"扎心"文案讲故事，刺痛消费者的内心，加强其对品牌的认知。

▸ 发展

▷ 遭遇一个问题。有了主人公和熟悉的场景，故事就要进一步展开了。最好的展开方式是根据消费者在现实生活中遭遇的各种问题，展开故事。消费者平时对这些问题谈论得多，不但不会厌烦，反而会对品牌更感兴趣。

例如，刘强东当年力排众议自建物流的故事，让许多人印象深刻。这个故事就是根据消费者在现实生活中遇到的送货慢的问题展开的。

▷ 得遇一位贵人。试想如果武侠小说里的主人公仅靠自己就习得绝世武功，成为大侠，那应该不会有多少人喜欢这本小说。同理，品牌故事也是如此。因此，故事中要设置一些主人公无法解决的问题，然后让一个贵人帮助主人公解决问题，获得成功。例如，在耐克旗下 Ari Jordan 的品牌故事中，乔丹也是因为遇到了菲尔·杰克逊，才最终获得了成功。现代许多成功企业的品牌故事中总有贵人相助，例如，阿里巴巴和软银等。这样的设置让品牌故事读起来不乏味，还能增添品牌的传奇色彩。

▶ 高潮

铺垫部分结束之后，就要进入高潮部分。品牌故事的高潮一般都是根据用户的问题给出解决方案，也就是宣传产品。例如，在阿里巴巴的品牌故事中，解决方案是成立淘宝，方便中小企业的经营；在小米创始人雷军的创业故事中，解决方案是小米手机的诞生；在京东的品牌故事中，解决方案是"多、快、好、省"。

品牌故事的高潮要回归品牌或产品本身。企业要尽力将品牌放在贵人的位置，将消费者放在主人公的位置，以此来暗示产品可以为其解决问题，最终强化消费者对品牌的认知。

▶ 结局

▷ 召唤用户采取行动。一般来说，故事中的主人公很少会自发采取行动，一定是受到刺激后才会采取行动。品牌故事的结尾处必须给予消费者一定的刺激，才能让其立刻行动。例如，微信文章结尾处的"请转发"就是在刺激用户行动。

▷ 最终获得成功。在品牌故事的最后要给消费者一个完美的结局作为收尾，以此佐证故事前面的论述。例如，Keep 的品牌故事，告诉消费者成功瘦下来就能拥有别人羡慕的好身材。品牌故事要为消费者建立好的联想，即告诉他们当接受产品或服务后，生活会变得更美好。

第二定律：人物和对话

品牌故事的作用是拉近品牌与消费者的距离，并增加他们对品牌的认同。人物是故事的重要组成部分，而对话则对推进情节、强调立意有着重要作用。前文提到品牌故事的主人公应该是消费者，因为这能让消费者更有代入感。对话也是如此，真实、有代入感的对话更能让消费者理解品牌。那么如何设计品牌故事的对话呢？

▶ 让对话模仿生活

对话反映的是人们说话的本质，而不是复制人们表达事物的正确方式。例如，曾经风靡一时的央视公益广告《给妈妈洗脚》，呼吁大家知孝心，正确处理家庭关系。故事中的对话非常贴近真实生活，从母亲为奶奶洗脚到小男孩为母亲端水洗脚的每一个镜头、每一句话都还原了真实场景，并没有"喊口号"式的台词。

真实反映生活的对话更容易让消费者有代入感。相反，如果故事中的人物只是生硬地念着宣传语，反而会让消费者觉得突兀和尴尬。

▶ 避免不自然的阐述

品牌故事中的有些台词是有特殊作用的，如传递品牌信息、强调产品功能等。但是这种信息并不能通过故事中的人物直接表达出来，因为在日常生活中人们很少会像一个专业的推销员一样向别人推荐产品，而是会采取更自然的表达方式。例如，在某剃须刀的品牌故事中，男："老婆，我刮胡子的刀片呢？"女："丢掉了。"男："为什么？"女："昨天，隔壁的姚太太告诉我，她老公每天用某刀片刮胡子，剃得又干净又舒服。而且这个刀片经济耐用，所以，我也给你买了一包。"

▶ 使用暗示和隐喻

在日常生活中，人们常会利用暗示和隐喻表达自己的意思，以使自己的表达更有趣，给人留下更深刻的印象。品牌故事也是如此。例如，华为在儿童节用华为 P30 拍摄了一个短片——《悟空》进行营销，该短片讲述了一个小男孩的故事。故事讲述了在 20 世纪 90 年代《大闹天宫》首映时，一个农村小男孩为了去城里看电影，翻山越岭，历尽艰险，抵达电影院时却发现自己穿越到了 10 年之后。这部短片在交错的时光中表达了时间易逝的感慨，也表达了对一个时代的缅怀。另外，短片中小男孩坚定地追寻梦想的决心也隐喻出了华为几十年如一日坚持自我的决心。

▶ 多想想角色的声音

在故事中，有些对话带有个人特点，所以只能由特定的人发出。例如，曾经非常火爆的步步高学习机的广告，因为其产品的主要用户是中小学生，所以广告中主要的对话都是由这些群体发出的，从而为对话增添了信服力。因此，品牌在设计对话时，一定要想想故事的主要角色，即产品的用户。按照他们特点，预测他们会如何表达，以此来设计对话。

第三定律：修订的完美艺术

在上学的时候，语文老师总是强调："好文章都是改出来的。"品牌故事也是如此，一个逻辑流畅、寓意深刻的品牌故事不是一步到位的，而是通过反复修改形成的。那么，如何修改品牌故事呢？

▸ 故事核心不要修改

故事核心就是故事大致的走向和结局，也就是故事整体的框架和结构，这一部分是故事的根基，最好不要修改。因为如果修改这一部分就相当于推翻之前的所有设定，重新写一个故事，这样得到的新故事并不是在原有基础上精益求精的结果，而是一个新的待修改的故事。

▸ 情节是修改的关键

情节是为了丰富主线故事框架延伸出的剧情，这一部分是修改的关键。情节是否丰富影响着故事是否具有较高的可读性。例如，阿里巴巴在讲述其创始人马云的创业故事时，并没有将情节的发展安排得一帆风顺，而是重点描述了其在创业初期如何不被理解、融资如何碰壁的过程。用丰富的情节渲染了阿里巴巴成立的艰辛，从而让听故事的人印象更深刻。

另外，情节的修改要尊重角色，让角色尽量做符合他们身份的事情。例如，让男人推荐车和酒、让女人推荐化妆品、让孩子推荐学习用品。品牌的定位与故事角色的行为相符合，能强化品牌在消费者心中的认知。

▸ 其他元素是修改的重点

即使故事核心明确，情节丰富，也并不意味着就是一个好故事。因为一些细节问题也能影响消费者的判断。

▹ 关于角色。角色描写要具体，最好有一个生活中的人物为原型。消费者对角色的把握是通过故事的描述来判断的。如果想让品牌故事有一定的代入感，就要把角色描述得尽量清晰，让消费者能在生活中找到原型。

▹ 关于对话。好的品牌故事应当是凝练而深刻的，这样才便于消费者记住它。因此，对话要设计得有意义，要么能推动情节的发展，要么能突出品牌的内涵。切忌加一些毫无意义的对话，既显得故事冗长，又很难让人抓住重点。

▷ 关于情景。情景不是场景，它不仅指物理的环境，还指人们的感官细节。品牌故事要通过情景的描述让消费者有代入感，从而让消费者发自内心地认可品牌理念。

借助 IP 与品牌玩转联合营销

近几年，IP 与品牌的联合营销屡见不鲜，如麦当劳和全职高手、蒙牛纯甄和《创造营××××》等。IP 因其自有的话题性，成为品牌宣传的最好载体。

选择与品牌理念契合的 IP

浙江卫视《喜剧总动员》第二季的热播，让"吃货"们的胃口大开，良品铺子成为节目成功的最大赢家。良品铺子品牌总监段文表示，良品铺子的定位是希望顾客在零食的陪伴下开心地笑、用心地生活，本质上与喜剧总动员崇尚正能量、创造欢乐的价值导向十分吻合。同时，全家一起观看《喜剧总动员》的场景正好也契合了良品铺子的消费场景。

《喜剧总动员》作为浙江卫视一宗原创喜剧综艺栏目，其内容定位是老少皆宜、"全家欢"，与良品铺子的理念不谋而合。全家坐在一起一边欣赏节目，一边吃良品铺子的零食，是良品铺子最终想在消费者群体中达成的认知。对此，良品铺子摒弃了生硬的广告植入，改为创意中插、压屏条这些新的广告植入形式，与节目中的情景合情、合理地交融在一起，让产品不自觉地与节目建立起了联系。

例如，在节目《婚礼的祝福》中，一开场，梁超饰演的老丈人提着良品铺子的手提袋，在婚礼现场撒喜糖。情节和产品非常符合，毫不生硬，真正做到了情景交融。节目中类似的场景并不少见，不管台前还是幕后，良品铺子都能被参演嘉宾自然地提出来，让观众没有突兀感，反而觉得是情境中的必需品，既增加了笑料，又达到了营销的目的。

良品铺子的广告植入大获成功的原因是它选择了与自身品牌定位相符的 IP 进行合作，从而实现了"1+1>2"的效果。"吃零食"和"看节目"是消费者默认可以结合的行为，所以良品铺子的广告植入不仅不突兀，还会唤起消费者"想吃零食"的欲望。

拒绝生硬植入，以创意吸引观众

自从热播剧《老九门》开始出现创意中插广告植入后，如今，创意中插广告几乎成了每部热播剧的标配，报价也因此飙升至百万元级别。但所谓"物极必反"，如果说创意中插广告刚出现时凭借新奇的创意，让广大观众眼前一亮，那么随着其成为各大品牌的标配，创意中插广告就变得不那么具有创意了，植入生硬、形式大于创意的现象比比皆是，不仅与剧集融合得不自然，还降低了观众的观看体验，对品牌和剧集都造成了负面影响，得不偿失。

对于品牌来说，如何让广告植入不再生硬，让品牌在众多品牌中脱颖而出，其广告的关键是高质量、高关联、高眼界。

▶ 高质量

广告植入应该先是剧集的一部分，其次才是产品的广告。目前，剧集中的创意中插广告一般是在杀青后拍摄的，由于拍摄的便利性，很多制作方拍摄得极为随意，虽然服装、化妆、道具与正剧别无二致，但在画面呈现上有失水准，反而加重了广告植入的违和感。因此，植入广告同样需要用心制作，做精品，才能实现品牌与 IP 的双赢。

▶ 高关联

在植入广告的过程中，最忌讳"空有形而乏其神"。广告内容与 IP 内容的创意嫁接应该是顺其自然的，而不是生拉硬拽拼凑的。

▶ 高眼界

未来的广告，包括创意中插广告将会进一步被规范，而视频平台的付费免广告用户也会越来越多。在这样的压力下，品牌需要拥有更高的眼界。例如，品牌除了在剧中植入了创意中插广告，还在各大媒体平台同步造势，最大化粉丝效应。品牌需要明白的是，只有提升广告的创意标准，才能保证可持续传播。

内容为王，让品牌与 IP 在内容上建立强关联

很多企业已经有了 IP 营销的经验，也能深刻地感受到，只有把内容做好，才能在泛滥的 IP 营销中脱颖而出。企业在做 IP 营销时，要从内

容上与 IP 建立起强有力的联系，而不是只注重具有表面效益的浅层次 IP 营销。只有真正地将强有力的内容与 IP 结合，才能给消费者良好的体验和不一样的感官认知。在这种状态下，企业提高商业效益自然可以水到渠成。

与综艺 IP 合作，通过冠名综艺节目来提升品牌的认知度是企业进行 IP 营销的常用手法之一。但这需要企业在选择合作对象的时候慎重一些，在内容为王的 IP 营销时代，单纯的冠名、捆绑节目已经变得收效甚微，只有让品牌与冠名的综艺 IP 建立起强关联才能向消费者传递出品牌理念，打响品牌的口碑。

六个核桃在综艺 IP 的选择上非常成功，它与央视等知名电视台的热门综艺节目合作，引起了人们极大的关注。六个核桃作为植物蛋白饮料行业的领导品牌，六个核桃侧重于与知名度高、粉丝基数大，且与自身的品牌理念契合的综艺节目合作。

六个核桃通过数据分析，结合消费者的需求，选择了与品牌诉求契合度较高的益智类综艺 IP 建立强关联，将品牌的理念植入所冠名的节目中，如江苏卫视的《最强大脑》、湖南卫视的《好好学吧》、央视的《挑战不可能》、东方卫视的《诗书中华》等。六个核桃凭借在这些益智类综艺节目中的高频次刷屏，让"经常动脑，多喝六个核桃"的产品主张深入人心，很好地传达了品牌的理念，强化了电视节目受众对品牌的认知，将综艺 IP 的受众转化为品牌的消费群体，促进了销售的增长。

六个核桃根据消费形式把握住了当下 IP 营销的时机，而且不随波逐流。在与综艺 IP 合作时，六个核桃变革了传统生搬硬套的冠名方式，转而从内容出发，选择冠名符合品牌理念的益智类综艺节目。六个核桃将产品的内涵深度植入，与节目内容合二为一，向广大综艺节目受众展示了自己智慧型企业的形象，促进了受众的转化，拉动品牌产品销量的增长。

在产品高度同质化的竞争环境中，企业冠名综艺节目的营销手段已经不再新鲜。在信息碎片化的时代，受众的注意力被大幅稀释，企业如果只是选择冠名热门综艺节目，而不注重让内容与 IP 建立强关联，就会被受众所忽视，造成营销成本投入的浪费。

在未来的 IP 营销中，还会出现各种各样的营销手法，但品牌都不能忽视内容。在前期的 IP 选择上，要注意与品牌理念建立联系，在后期的 IP 营销运作上，要让 IP 产生更多的内容，反哺品牌和产品，建立起更强的联系，从而更加清晰地向消费者传达品牌的内涵。

07

"视觉锤"：让受众快速记住你的品牌

在如今这个信息爆炸的时代，比起大段的文字口号，给消费者留下深刻印象的反而是直观的视觉画面。例如，在观看恐怖片时，那些成段的台词和背景介绍很可能在电影结束时就被忘记了，然而那些恐怖的画面却能一连好几天都清晰地出现在观众的脑海里。

对此，品牌要充分发挥视觉的力量，用生动的画面将品牌刻在消费者的脑海中，从而让其快速记住品牌。

用"视觉锤"捕获注意力，让认知资源聚集

由于信息碎片化的特点，人们的注意力被太多的事情分散。"视觉锤"比起其他表现形式更生动，更能捕获消费者的注意力，从而让认知资源聚集。

提炼品牌的"语言钉"：简洁精炼表达观点

"语言钉"是指代表品牌观点、价值、个性的词语或金句，如"怕上火喝王老吉"等。"语言钉"就是用一句话，将产品的个性全部展示出来，形成自己的标签。当然，其内容的设计，要精心打磨，不能是空洞的话，而是有针对性、有说服力、有逻辑性的语言。

简单即王道，"语言钉"用一个词语就吸引了消费者的关注，显然是一种无比高效的宣传策略。就像消费者提到安全汽车就会想到沃尔沃，提到大吸力抽油烟机就会想到老板抽油烟机，提到去屑洗发水就会想到海飞丝一样，这些品牌反复在消费者耳边重复"安全""大吸力""去屑"这些词，强化产品定位。

长期以来，中国抽油烟机市场的龙头企业是方太，老板抽油烟机一直屈居人下。直到 2014 年，老板抽油烟机的销量一举超越了方太，成为了销量冠军，这在很大程度上源于老板抽油烟机在自己的宣传语中加入了"大吸力"三个字。中国人的厨房，油烟味相对较重，有许多人在烹饪辣椒这类菜肴时觉得辛辣味难以忍受，因此中国消费者认为抽油烟机的核心价值就是吸力大。

老板抽油烟机抓住了这个要点，以"大吸力"为核心进行生产设计、品牌营销，反正只要不离开这个核心，消费者就会买单。

沃尔沃汽车自 1927 年创立以来，一直主打安全的理念，通过营销、广告等方式一直反复向消费者灌输这个理念。多年来，不管其广告语如何更换，"安全"这个核心词却不曾更换。

例如，沃尔沃在广告中曾将 7 辆车叠加在一起，以此证明"Hardtop"——坚固车身的口号；沃尔沃还在广告中展示过沃尔沃汽车遭受最严重碰撞时，其车内环境依然是完好无损的情况；另外，1996 年沃尔沃"安全别针"的广告配上文案"一辆你可以信赖的车。沃尔沃汽车无论过去还是现在，都备受车主青睐"，这则广告更是获得了戛纳广告全场大奖，这是世界广告界最高级别的荣誉。

为什么沃尔沃会获得广告界的最高荣誉，仅因为这个简单至极的平面广告吗？并不是，因为沃尔沃在数十年如一日地用心阐述"安全"这个概念，就像颁奖词说的那样："与其说我们把全场大奖颁给了这则广告，不如说我们把这个大奖颁给了沃尔沃公司，以表彰它 30 年如一日，坚持述说一个概念——安全。"

一个词语虽然简短，但它所带来的价值却是不可估量的，企业只要找到这个核心词，就能用最简单的语言表达品牌的内涵，企业接下来要做的是不断向消费者强化这个词，从而让他们记住并信赖品牌。

打磨"视觉锤"将品牌钉进用户的心

很多企业在建立品牌的过程中通常把视觉归入战术范畴，不给予过多重视。实际上要建立成功的品牌，不仅需要"语言钉"，更需要"视觉锤"。因为品牌需要能强化语言概念的视觉效果。右脑侧重关注视觉，进而向左脑传递信息，令左脑去注意与这个视觉相关的语言文字。"视觉锤"是将"语言钉"钉入消费者心智的工具，其为品牌创造的可视度远超过文字的范畴。

人类的左脑和右脑分别有不同的功能，左脑是逻辑处理器，右脑是情感处理器。图像可以富有情感，而文字却不会，如一张小孩子的照片会比"孩子"这个词唤起人们更多的爱心。

图像可以更容易地唤起人们的感情，例如，电影和书讲了同一个故事，电影带给人们的冲击力要比书大得多，所以品牌营销更要注重视觉对人的影响。

开发"视觉锤"的 7 种方法

"视觉锤"可以帮助品牌在消费者心中建立生动、形象、深刻的认知，品牌开发"视觉锤"有 7 种常用方法，即形状、颜色、产品、包装、动态、创始人、符号。

形状（Shape）：Less Is More

Target 是一个很有名的零售品牌，类似于沃尔玛，但比起沃尔玛定位的大众化，Target 的定位更加时尚。其主张无论在线上还是线下，消费者都能从数千件商品中做出选择，主打目标概念。首先 Target 的中文释义为目标，它的品牌标志是一个靶心。然后 Target 把这个标志运用到店铺设计、包装袋及吉祥物上，反复向消费者强化"目标"这一概念，使消费者在看到与靶心类似的形状时不自觉就会联想到 Target。

颜色（Color）：对立带来冲击

颜色也能起到推广品牌的作用，例如，麦当劳显眼的黄色"M"标志已经深入人心。快餐店一般都开在店铺林立的繁华街区，让人们一眼认出品牌这点很重要，因此就要提高品牌标志的辨识度。比起使用多种颜色，麦当劳这种单一的像警告标语一样的明黄色显然就非常有辨识度。这种方法就是用颜色提醒消费者这是哪一个品牌，而且品牌一旦有了一个独特的"视觉锤"，很容易继续延伸广告内容，也更容易让消费者记住。

产品（Product）：完美的锤子

有时候产品本身就可以是"视觉锤"，例如，劳力士的超高辨识度的表带，就是它独一无二的"视觉锤"。尽管有很多品牌都在模仿劳力士的表带，但这种表带设计由劳力士首先带入消费者视野，已占了先机。

包装（Package）：展示你的与众不同

有时候产品换一个包装就能在同类产品中脱颖而出。例如，伏特加为产品设计了一个新瓶子，再比其他主导市场的品牌产品定价高出65%，这样就创造了一个新品类，成为伏特加酒的第二品牌——绝对伏特加，成功赢得了全球消费者的喜爱。

又如，时代啤酒利用了"时代啤酒+玻璃杯"的"视觉锤"。一般消费者喝啤酒都喜欢用玻璃杯，利用这一认知，时代啤酒的广告中经常出现玻璃杯，并设计了一个口号"它不是普通的玻璃杯，而是盛杯"，使"时代啤酒+玻璃杯"的形象深入人心。另外，时代啤酒还在销售时捆绑销售广告中的玻璃杯，使产品更有辨识度，最终在美国啤酒市场激烈的竞争中占据了有利地位。

动态（Action）：比静态更有效

随着短视频、互联网的兴起，动态效果逐渐取代平面效果走进人们的视野，因为动态让产品显得更有生命力。例如，亨氏番茄酱定位为最慢的番茄酱，意思是亨氏番茄酱很黏稠，使用时流速很慢，从而向消费者传达亨氏番茄酱质量更高、用料更足的信息。因此，亨氏番茄酱的广告设计都是以"慢"为核心的，以此让消费者记住"慢"的动态效果，从而将其与质量好联系在一起。

多芬主打其香皂中含有 1/4 的滋润乳液，于是在广告中安排了一个把 1/4 的滋润乳液倒入香皂中的动态画面。虽然这不是多芬香皂的实际制作流程，但却成功地把多芬香皂含有 1/4 的滋润乳液这个信息传达给了消费者。

创始人（Founder）：天生的锤子

许多人都有名人崇拜情结，关于这些名人的故事，媒体和大众喜闻乐见，并给予其更多的关注。很多品牌的创始人和其品牌一样出名，如苹果的乔布斯、阿里巴巴的马云、福特汽车的亨利·福特等，在这种情况下，对创始人进行形象塑造，可以让品牌收获双倍的关注。

创始人的公众表现、言谈举止往往能给品牌带来很大的附加价值，一个好的创始人知道该说什么、不该说什么，就像 KOL 能用寥寥几句话就影响普通消费者的决策一样。创始人的某些行为可以拉近品牌与消费者的距离，从而为品牌塑造的理念增加真实感。

符号（Symbol）：将抽象的东西视觉化

独一无二的品牌标识是最直观的"视觉锤"，如耐克的"对勾"、阿迪达斯的"三叶草"、苹果的"缺了一口的苹果"等。这些独一无二的 Logo 让消费者一眼就能识别出是哪个品牌。

品牌标识一般是一个特别简单的图案，例如，奔驰和苹果的标识都设计得很简洁，复杂的标识会降低"视觉锤"的效果，从而无法在消费者心中留下深刻的印象。

"视觉锤"进化，让品牌体验升级

单纯地将视觉形象作为"视觉锤"，是无法发挥"视觉锤"真正的作用的。"视觉锤"需要进化，只有让视觉形象进入消费者的认知，才能让消费者的品牌体验彻底升级。

建立"视觉锤"等式，让品牌被识别得更快

"视觉锤"的主要作用是通过对视觉的刺激，设计品牌的差异化，以此与其他品牌形成区分，让品牌能更快地被识别出来。

众所周知，麦当劳的标志是一个明黄色的"M"标志。麦当劳从店面设计到产品包装，一直在向消费者强化这个标志。尝试在消费者心中建立"视觉锤"等式，即让消费者在心中将明黄色"M"与麦当劳画等号，让其在其他任何地方看到这个标志，都能在第一时间想到麦当劳。

世界各大知名品牌的标志演变过程都在逐渐加强"视觉锤"的作用，甚至在演变的过程中舍弃了文字。例如，耐克于 1995 年更新的 Logo 中放弃了"Nike"字样，只保留了对勾设计（见图 7-1）；奔驰在 1989 年更

新的 Logo 中去掉了"Mercedes Benz"字样，只保留了三芒星。这些品牌都是在建立"视觉锤"等式，将品牌与更简单的图形画等号，尽可能降低消费者的记忆负担，以此让消费者对品牌形成更深刻的印象，从而更快地识别出品牌。

| 1971年 | 1978年 | 1985年 | 1995年 |

图 7-1　耐克 Logo 的更新

产品特性，将认知落实为事实

研究表明，人类的决策模式永远都是感性先于理性的。所以，品牌的核心不应是"企业认知"，而是"顾客认知"。消费者如果认为产品好，就会购买该产品，而其对产品的认知也就成了产品的"事实"。品牌的作用就是提高这种认知，将正面认知落实为事实。

罗辑思维主办的《时间的朋友》中也提到了"认知"这个词，创始人罗振宇对"认知"的观点是："第一，认知在不断迭代，认知将大于事实。第二，认知战可以超越价格战的比较优势，让顾客第一时间想到你的品牌。"

人们在选择一件物品时，总是情感指导行动。如今，随着生活节奏的加快，人们没有时间去验证事情的真伪，因为验证过程的成本太高，大多数人不愿意也承担不起这个成本。

例如，在选择一家餐厅吃饭时，人们不会直接去看实际的菜品，而是会先从情感上比较众多餐厅的优劣。一般来说，第一步是参考第三人的经验或参考第三方网站的评价，如大众点评、美团等。第二步是考虑自身的利益，如菜系、菜品、价位是否符合自己的预期等。第三步是尝试消费。

很多人经常在第一步和第二步后就终止行动了。这时餐厅品牌仅停留在消费者的认知盲区中，如何激活这个区域，就需要企业自己去表达。正因如此，消费者其实并不真正了解品牌，只是习惯性地与自己的情感保持一致。消费者的这种认知一旦固化，是很难再改变的，而品牌在消费者心中的特点也就成了品牌的"事实"。

每个人都有自己的生活圈层，所以每个人都有自己的生活经验，也就会形成一些固有的认知。

从 1996 年起，大娘水饺陆续开设了 300 多家连锁店。其品牌前后三次迭代升级，第一次把朴素的吴大娘形象作为品牌形象，第二次把一个女性背影作为品牌形象，第三次把一个女性正脸形象作为品牌形象。

这三次升级不仅没有提升品牌形象，反而招致了大批消费者的反感。在消费者的认知中，"大娘"是一个憨厚纯朴的女性形象，而非一个妖娆女子的形象，显然大娘水饺的品牌形象升级与消费者的认知背道而驰了。消费者没有在品牌形象中找到"大娘"的感觉。不管官方再如何强调品牌主打"陪伴"的理念，也改变不了消费者的固有认知。

品牌营销就是抢占认知高地，消费者一般在使用产品后，就会对产品形成认知。如果企业想让消费者再次选择该产品，就要让品牌的外在形象和内在气质始终符合消费者的认知。

08

文案推广：品牌如何高效地发挥文案价值

文案是指品牌在推广时设计的文字、绘画、照片等。文案对于品牌推广和产品宣传有着重要的作用。一个优质的文案甚至能让品牌在同质化的市场中脱颖而出。文案是营销利器，更是品牌的灵魂。精彩的文案不仅能促进品牌推广，还能有效吸引消费者的注意力，提升品牌的影响力，进而提升企业声誉，使企业获得更多的市场机会。

如何创作优质文案

文案对品牌营销的作用至关重要，怎样才能使自己的文案独一无二呢？对此，企业应有针对性、有策略地去创作文案。

文案四元素：标题、正文、口号、随文

随着社交媒体的兴起，文案进入了兴盛时代，网站栏目、微信公众号、邮件、App 介绍、产品详情页等，各式各样的文案无处不在。文案一般是为了直接让消费者看到更为详细的产品和服务内容，让其可以更直观地理解品牌内涵，从而降低消费者与品牌沟通的难度，提升消费体验。

文案不是单纯的广告，只"喊口号"的文案是吸引不了消费者的。标题、正文、口号、随文是组成文案的四元素，每一个部分都需要企业精心策划。

▶ 标题

文案的标题是对主旨的概括。因为消费者第一眼看到的就是文案的标题，所以文案的标题一定要带有极强的传播性，让消费者看一眼就想点

开、想分享。标题创作有四种常用方法。

▷ 痛点问题+核心价值/解决方法。痛点问题是指消费者的核心需求。整个标题就是为消费者的核心需求提出解决方案。例如,一篇关于"文案撰写"的文章,其标题可以是《文案怎么写?三个公式帮你搞定》,这种写法可以直击消费者痛点,让其有了解详情的欲望。

▷ 文章主题+引入句式。大家在朋友圈经常看到这种标题,例如,《×××在朋友圈传疯了,看到第十条直接泪奔》《×××怎么办?看完这个你就懂了》。这种标题写法是用一些感叹词吸引消费者的注意,如"看哭啦""忍不了啦""太真实啦"等,如果文案整体的故事性很强或结论惊人,就很适合这样的标题。

▷ 权威数据+展示成绩。这种写法特别注意对数据的使用,即给人一种经过深度调研、可信度很高的感觉。例如,《深扒50篇知乎千赞文,告诉你如何写出爆款文案》。

▷ 痛点问题+严重后果/反问。欲望和恐惧是最容易被利用的两种情绪,消费者有解决问题的欲望,同样也会害怕问题带来的后果。巧妙利用消费者的恐惧心理,也可以刺激消费者点击。例如,《找工作有哪些陷阱?你一定要知道》,这种写法适合针对焦虑人群产出的内容,如应届生找工作、新手爸妈育儿、职场人升职等。

▶ 正文

正文是文案的中心,它是针对文案的主题进行的细致叙述。杨中芳博士曾言:"广告的内文部分通常是最不能吸引消费者注意的部分。"然而,由于正文字小空间大,是说服消费者最好的载体。因此,正文必须与标题配合得天衣无缝，标题中提出的问题要在正文中得到解答，以满足消费者的好奇心。切忌中途转移话题，让文案有"标题党"的嫌疑。

下面介绍几个撰写正文的方法。

▷ 正文要说清详情。如果在标题中设置了一个悬念，那么正文中就必须深入论证，从而让消费者可以解除疑惑，保持耐心，看完文案。

▷ 正文必须取得人们的信任。看了品牌文案的标题，消费者一般都是疑信参半的。因此，文案正文需要起到加强信任的作用，以充足理由让消费者相信文案宣传的观点。所以很多文案正文常展示各种获奖证书佐证，以展示自己观点的"权威性"。

▷ 正文需向消费者提供有用的价值。如果在标题中提出了某个痛点问题，正文中就必须对此给出问题的原因或解决办法。例如，吗丁啉的广告——"胃动力不够，请吗丁啉帮忙"，就是将产品作为一个解决方案提供给了消费者。

▷ 正文可以推广新知识。新的发明、创造往往很容易吸引人们的关注，对此，正文可以详细介绍一些新知识，让消费者在好奇心的驱使下不愿离开。

▶ 口号

口号是指广告标语，是文案的中心，通常是由一句话构成的。好的口号能够加强消费者对品牌、产品、企业的正面印象，让消费者快速记住产品的主题或特点。

在如今这个消费品爆炸的时代，每天都有很多广告语在不断刷新着人们的记忆。但是人们依然可以记住"怕上火，喝王老吉""我们不生产水，我们只是大自然的搬运工，农夫山泉有点甜"这些品牌的广告语。除了有这些大品牌投入资金反复刷屏的功劳，优质文案口号也发挥了重要的作用，一句话就击中了消费者的心。

以农夫山泉为例，在市场上纯净水生产商泛滥的时候，农夫山泉一句"大自然的搬运工"打出了天然水的口号，迅速与市场上其他品牌区分开来，既营造了产品的独特性，又迎合了大众喝天然弱碱性水的需求。

随后，农夫山泉一直以大自然搬运工的形象自居，用广告向消费者讲述农夫山泉开辟长白山水源的故事，让消费者更加信赖。甚至通过广告中对山泉的描述，让消费者有一种自己在喝"陈年佳酿"的感觉，进一步佐证农夫山泉的"甜"。

正是因为这句看似朴素的口号，农夫山泉快速提升了其市场占有率，之后农夫山泉一直沿用这个广告语，重复播放广告，加深消费者对农夫山泉产品的认知，在提升了品牌知名度的同时，也赋予了品牌仪式感。

▶ 随文

随文是指文案的一些补充信息，如公司电话、网址、店铺地址、审批号等。随文一般写在全文的最后，起证明企业身份及避免法律纠纷的作用。

创作一篇优质文案的 6 个诀窍

文案对品牌营销有如此重要的作用，那么企业怎样才能创作一篇优质文案呢？具体有以下 6 种方法。

▶ 风格简洁犀利

创作文案不是写文章，要避免长篇大论，尽可能用最少的字数来呈现最丰富的内容。如果品牌把一篇长篇大论的文案发到消费者的邮箱里，极有可能被其当作垃圾邮件随手删掉，根本触达不到消费者。但如果文案简洁清晰，消费者愿意阅读的概率就会上升，而且也更方便消费者对文案的传播。

例如，小米手机的文案只有五个字——"为发烧而生"，虽然简短，却让无数人印象深刻，获得了绝佳的营销效果。

▶ 利用对话增加信任

很多人在做购买决策时，都会参考朋友的意见。对朋友推荐的产品，自己十有八九也会购买。因此，企业可以以对话的形式设计文案，增加消费者对产品的信任度。

例如，"小张，我们在核对第一季度的销售报表时惊呆了。虽然我们知道公司开局不错，但自主客户增加了650%，怎么看都是不可能的，但当我们重新检查时，发现确实是650%。于是我们马上续约了白金级服务协议"。

对话能给人天然的亲切感，增加文案论述的真实性，比起单纯地介绍产品的自主用户增加率，显然是对话更有说服力。

▶ 细节打动人心

细节决定成败，文案也不例外。细节描述有助于激发消费者的想象，增强叙述的代入感。例如，文案一为"我们从铁观音故乡采摘新鲜茶叶，精挑细选，由专业的茶师进行炒制和烘焙"；文案二为"铁观音的故乡，茶文化已存在了近三百年。茶师十年如一日，五百克精茶，需要三千万秒夜以继日地挑选，每半个小时不间断地翻炒，三十六个小时的烘焙，二次烤制，又是三十六个小时的文火慢烤"。两相比较，显然是文案二更能让消费者联想到茶叶的好品质。

▶ 人物素描

每个故事都有主人公，文案也不例外。虽然文案无法像小说一样对人物进行全方位的描写，但用一些核心词汇，可以把主人公尽量塑造得真实、立体。

▶ 制造悬念

好奇心是人类发展的动力。如果文案中能加入悬念，消费者就很容易受好奇心的驱使而不由自主地读下去。例如，美国广告写作者约翰·卡普斯曾写过一句广告语："当我坐在钢琴旁时，他们嘲笑我，但当我开始演奏时……"虽然这个文案的格式曾被反复模仿，但依然能吸引许多人的关注，这是因为文案中设置的悬念就像鱼饵，吸引消费者不由自主地去探索，他们希望知道接下来发生了什么。

▶ 用现在时来描述

很多人认为，消费者购买产品的行为是将来行动，所以文案用将来时叙述比较合适。但是将来时代表不确定性，很难说服消费者。因此，文案最好使用现在时，以便让消费者能联想到自己使用产品时的场景。

如余额宝的文案："用 10 元钱一份的炒饭，把 6 平方米的深夜摊攒成了 60 平方米的小店——小蔡，用余额宝 6 年的 90 后老板。"这样的叙述可以让用户深刻地感受到余额宝省钱的特性，即 6 年时间帮助店主省出了一间店铺。相反，如果用将来时，文案将是这样："一旦你使用余额宝，它将为你节省日常开销。""一旦……将……"这样的表述，很容易让人感觉是虚构的，将来会不会发生并不一定，而且用户也很难联想到使用产品的场景。

如何用品牌文案引爆话题

品牌文案除了要有趣、吸引粉丝参与，还要能形成话题，让更多的人参与讨论，从而帮助品牌持续传播。

描述形象化：大众更偏爱"不官方"的说法

文案要想成为话题，在人们中间形成讨论，就必须尽可能影响消费者的心理。对此，文案应用简单、形象的语言将传达的内容具象化，而不是复述产品说明书。

很多人创作文案喜欢堆砌形容词和成语，这样的文案看起来文采飞扬，实际上会让消费者觉得根本不知道在说什么。因此，文案的创作不能追求自我满足，而是要尽可能去满足消费者。

象形文字是最古老的文字，而它是从图画演化而来的。因此，中国人更容易理解一些形象的描述，而不是抽象的概念。这也是为什么看电视剧的人比看小说的人多。另外，形象的描述也有助于品牌人格化，拉近与消费者的距离。如果品牌给人的印象一直是抽象的，那么消费者很难记住它。

如何使文案的描述形象化呢？有以下两种方法。

▶ 多一些场景的细节描写

日本吉乃川清酒的文案如下："酒，两个人分着喝就会觉得更暖。来自雪国的夫妇，可真叫人艳羡啊。"

这是吉乃川为其产品推出的系列文案之一。该系列文案描述了女主角从离乡、思乡到恋爱、结婚的人生轨迹，阐述了其生活中的点滴小事，让人有极强的代入感。文案虽没有直接介绍酒，却细致描述了夫妻二人喝酒的场景，让人感觉温暖而又宁静。

▶ 少用形容词，多用动词和名词

人们对形容词的理解往往是存在偏差的，由于生活环境和文化背景的不同，人们对美丽、纯洁、优美等词可能会有不同的理解。动词和名词则不同，走、跑、跳，花、草、树木等词在人们心中形成的都是固定的认知，所以更方便人们联想出画面。例如，极客猫为自己的全球移动 Wi-Fi 做的文案就充分利用了名词和动词。

"你写 PPT 时，阿拉斯加的鳕鱼正跃出水面；你看报表时，白马雪山的金丝猴刚好爬上树尖；你挤进地铁时，西藏的山鹰一直盘旋云端；你在回忆中吵架时，尼泊尔的背包客一起端起酒杯在火堆旁。有一些穿高跟鞋走不到的路，有一些在写字楼里永远遇不到的人。马上出发吧，带上吉客猫全球移动 Wi-Fi，给自己一段充满安全感的旅程！#吉客猫伴我同行#"

图文并茂：吸睛效果显著

图像比文字更有冲击力，从而会吸引消费者更多的注意，因此文案的创作绝对不能忽视图片的使用。例如，知名种草社区小红书中的热门帖都是图文并茂的，有的还对图片进行了优化并搭配了背景音乐。

▷ 图文并茂的文案可以让消费者更直观地理解文案要讲的内容，并且以最快的速度记住它。纯文字的信息很容易让人提不起兴趣，而且很少有人愿意花费很多时间去仔细阅读一篇广告文案，除非这篇文案真的有对自己有价值的信息，否则基本读不到 3 秒就关闭了。

▷ 文字表述很可能会和别的品牌"撞衫"，图片就不同了，无论产品的包装、品牌的商标还是消费者的反馈都不可能与其他产品一模一样，因此图片可以帮助文案稀释相似度，让文案独一无二。

▷ 增加文案中的图片还可以增加关键词密度。关键词密度是指关键词在文案中出现的总次数与其他文字的比例。图片 Alt 属性和 Title 中关键词的添加，有助于关键词密度的合理提升，对搜索引擎优化非常有利。

体现产品价值：突出产品最独特的优势

很多文案写得很好，但宣传效果并不好。这是因为文案没有突出产品最独特的优势。

小米体重秤的文案是突出产品最独特优势的文案的经典范例，其内容是："100 克，喝杯水都可感知的精准。"使用体重秤的人肯定都是非常关注体重的细微变化的，因此对体重秤的精准度有很高的要求。小米体重秤用水进行比较，形象地表达出了产品精准度高的特点，完美突出了产品的优势。

以文案内容为中心形成的话题讨论必须是和品牌或产品有关的，这样才能帮助品牌扩大影响力。如果文案表述不清或让消费者难以理解，是很难被进一步传播的。

立足消费者需求：戳中泪点、笑点与痛点

文案最核心的作用就是直击消费者内心，让其产生购买欲望。因此，文案要立足于消费者的需求（见图8-1），戳中其泪点、笑点与痛点。

图 8-1　消费者的需求类型

▶ 功能型需求

功能型需求来源于现有产品的功能缺失。例如，用户使用现有的暖壶都需要自己开盖倒水，但这个设计不方便老人和孩子操作，使其很容易被烫伤。某企业针对这个问题，生产了一款可以直接按压出水的暖壶，弥补

了暖壶缺失的功能。因此，这款暖壶的文案就可以立足于这个功能去写，吸引有这方面需求的消费者。

▶ 体验型需求

体验型需求包括态度需求和价值观需求。一般电商平台的客服因咨询量大，所以很难兼顾所有人，经常会出现半天不回复或使用客服机器人回复的情况。消费者很容易因此感到被忽略而降低购物体验感。所以，有些人更喜欢在微信上买东西，因为微信上的一对一真人回复让他们觉得更受重视，这就是消费者的态度需求。

价值观需求是指用户对产品精神内涵的需求。例如，百事可乐为了抢占市场，针对可口可乐建立时间长这个特点，将可口可乐归为老年人可乐，而把自己包装成了年轻人可乐。在代言人的选择上更是一直都选择时下最受欢迎的年轻明星，以此告诉年轻人就应该喝更有活力的百事可乐。

▶ 成本型需求

成本型需求是指消费者想要降低生活中某项工作成本的需求。例如，洗碗太费时间，而且容易引发夫妻矛盾，所以很多商家推出了洗碗机，以满足消费者节约洗碗时间的需求。另外，现在比较流行的拼团模式也是针对用户的成本型需求，某件东西买一件太贵，买很多又浪费，于是大家一起买就可以既享受价格优惠，又不用买太多，这样就节约了消费者的资金成本。

如何打造让人猝不及防的软文文案

软文是相对硬性广告而言的，是一种不直接推销产品的营销文案。软文一般都把产品信息隐藏在文案内容中，让消费者猝不及防。

文案如何能"以柔克刚"

随着移动互联网的发展，网络营销大放异彩，软文营销因其低成本、多功能的特点成为了各大企业争相使用的推广方式。

传统广告都是以强有力的口号和不断的重复，加深品牌在消费者心中的印象的。这种方式虽然容易记忆，但很难使产品与消费者的情感产生联系，软文则显得有感情得多。例如，护肤品广告的精修图，比不上论坛里的真人照更有说服力。另外，软文还可以通过图文并茂的表述感染他人，将产品的好感度放大，从而达到润物细无声的效果。

软文因为成本较低，制作便捷，所以企业可以即时根据热点更换宣传主题。而且软文内容多样化，影响力持续时间长，可以大范围覆盖网络媒体，形成滴水穿石之势。

软文营销是一个长期的宣传过程，很难让品牌一夜爆红。因此，企业在创作软文时，不仅要追求新意与创意，还要有一个长期的营销策划方案。只有多次、多角度地将产品带到消费者眼前，才能发挥软文真正的力量。

6 种常见的软文类型

在软文创作中最令人抓狂的一个环节就是反复修改。造成这种情况的原因多是文章体裁不明显，既不像官方报道，又不像产品反馈，什么都像，又没有特别突出的地方，最终让软文落入了"四不像"窘境。因此，区分软文类型十分重要，常见的软文类型有以下 6 种。

▸ 新闻报道型

新闻报道型软文是最常见的软文，因为该类软文具有官方权威性，文风客观、严肃，具备很强的真实性、可信性，对企业树立形象很有帮助。创作这类软文应该以第三人称叙事，不能掺杂个人的主观评价，语言要尽量避免口语化。

▸ 用户反馈型

用户反馈型软文应该尽量从消费者的角度出发，描写使用产品的真实感受，打好"感情牌"。但语气用词要尽量避免无病呻吟，可以添加一些使用前后的对比图，以强化文章的真实性。

▶ 故事叙述型

故事叙述型软文可读性最强，最能吸引消费者的目光。除非是有目的地去了解某类知识，一般人们还是更喜欢读故事的。将故事穿插在对产品的描述中，可以加强文章的可读性，让消费者有耐心去读完文章，从而留下深刻印象。

▶ 专访型

专访型软文一般是对品牌或品牌创始人的采访，这类软文起点较高，需要品牌已有一定的影响力和知名度，不然会给人"自卖自夸"的感觉。

▶ 疑难解答型

人们会对什么样的软文印象深刻呢？答案是在自己迫切需要答案时，给出答案的软文。例如，女生在挑选口红时无法做出选择，正好看到一篇介绍各类口红特征的软文，相信她一定会对这篇软文印象深刻。

▶ 评价批判型

评价批判型软文与用户反馈型软文有类似之处，但评价批判型软文的写作者要站在一定高度，用专业知识进行评价，例如，各类产品的测评软文等。创作这类软文需要评判者有一定的权威，不然会适得其反。

软文关键词布局技巧

如今，软文已经被许多品牌作为常规推广形式了，然而，同样是软文，为什么有的文章点击率非常可观，而有的文章却达不到理想的传播效果呢？这是因为企业在创作和发布软文时没有注意关键词的有效设定。那么要如何布局软文关键词呢？具体有以下四种方法。

▸ 确立关键词

在正式创作软文前，要先确定关键词内容。根据文章撰写的侧重点——产品、服务或品牌，然后从中多列一些关键词，并在百度等搜索引擎上搜索匹配，最终选定合适的关键词。

▸ 合理选择关键词的位置

关键词的位置也很重要。首先，标题中要出现关键词；其次，软文首段要出现核心关键词，便于搜索引擎收录。在文章开头多频次地出现关键词，可以吸引消费者继续阅读。

此外，关键词还要嵌在合适的文章段落中。关键词的嵌入要保持软文的通顺、流畅，否则会影响阅读感受。一般来说，关键词的密度在3%～7%为最佳。

▸ 科学使用长尾关键词

长尾关键词是基本关键词的衍生形态，在文章中设置长尾关键词有利于搜索引擎的优化。设置长尾关键词的方法有很多种，如利用同义词、扩展关键词等。通过扩展关键词，使各种搜索习惯都可以匹配文章，以此扩大软文的触达范围。

▸ 关键词的特殊标识

为使关键词发挥更大的传播效果，在创作软文时还可以将其做突出显示，如加粗、换颜色等，这样可以使读者识别出重点，加深印象。

09

被动营销：促使消费者自主传播的
品牌营销思维

被动营销是指不主动以电话或邮件等形式拓展客户，而是以宣传广告的方式吸引目标客户主动联系品牌。被动营销能促进消费者自主传播，从而建立品牌口碑，扩大品牌的影响力。

认清消费者的多重身份

消费者在商业往来中有着重要的地位，但实际上消费者并不只有一重身份。对此，企业应认清消费者的多重身份，有针对性地做营销。

消费者扮演的 4 个角色

正所谓"顾客就是上帝"，随着互联网经济的兴起，消费者的地位更是被提升到了一个新高度。但在很多时候，企业对消费者的理解都只停留在表面，不知道消费者其实可以被细分成四种角色，即受众、购买者、体验者、传播者。

▶ 受众

受众是指消费者在实施购买行为前扮演的角色，它有两个特征，一是茫然，二是遗忘。

茫然是指受众在接收媒体和广告信息时其实是非常茫然的，因为从他自身来讲，他并没有想看到这个信息。因此，品牌营销的第一要义就是把受众从茫然中唤醒，让他注意到品牌，愿意和品牌对话。

遗忘是指受众不会主动记忆品牌信息，所以他被唤醒后很有可能再度遗忘品牌，重新陷入茫然。因此，品牌营销要学会重复。这也是那些已经家喻户晓的品牌还在坚持大规模投放广告的原因，因为它们要通过不断的重复唤醒消费者，让他们一直记着品牌。

▶ 购买者

购买者是指消费者在挑选产品时扮演的角色，它的特征是在购买环境中搜寻信息。购买环境是指大卖场、便利店、电商平台等一系列售卖产品的地方，消费者在对品牌或产品产生认知后就会去搜寻、挑选产品，那么如何做才能让消费者选中自己的产品而不是竞争对手的产品呢？对此，企业要进行全面媒体化。

全面媒体化是指将企业自身变成最大的媒体，用媒体思维设计企业和消费者接触的每一个环节，例如，通过改良包装设计、创新宣传文案等，引导消费者完成购买。以黄金酒为例，中国人送礼普遍喜欢红色包装，为什么黄金酒的包装颜色要设计成蓝色呢？这是因为其他酒的包装都是红色的，而蓝色立马就能在一片红色的海洋中被人注意到。

▶ 体验者

体验者是指消费者在使用产品时扮演的角色。在这个阶段，企业要尽可能为用户留下一个好的消费体验，以此让其成为老用户、回头客。

例如，有的洗衣粉里会混入蓝色颗粒。在消费者的认知中，洗衣粉都是白色的，于是混入蓝色颗粒的洗衣粉就会非常显眼。该洗衣粉向消费者传递出这样的信息：蓝色颗粒是催化酶，它能将衣服洗得更干净。事实上，催化酶可能不是蓝色的，蓝色的颗粒可能也不是产品添加的催化酶。但产品增加了蓝色颗粒，可以为消费者制造体验，让其看到"催化酶"，记住产品的特点。

▸ 传播者

传播者是指消费者在使用产品后扮演的角色。传播者这个角色常会被营销人员忽略，因为他们认为消费者使用产品后就与自己没关系了。其实不然，通过消费者主动传播，建立起的口碑，好过企业花大价钱投放广告的效果。

如何让消费者成为传播者？首先，产品要好，消费者使用体验好自然会主动向别人介绍产品。其次，考虑产品在口碑传播时会被怎么介绍。对此，品牌的文案一定要设计得简单清晰，不要让产品在被转述时使他人产生误解。

好产品引爆用户尖叫

人们常会主动传播出乎意料的信息，出乎意料好和出乎意料差都会得到人们的主动传播。因此，企业要尽量让产品出乎意料好，引爆用户的尖叫，促使用户主动传播。

随着新技术的进一步发展，科技改变生活已经在人们的生活中体现得淋漓尽致。普通的晾衣架也从"手摇""电动"过渡到了"智能"。好易点推出的智能晾衣机能自动识别天气情况，计算太阳的光线角度，根据阳光选择晾晒方式，而且可以360度感应式杀毒、除螨并通过智能语音音箱进行控制。这些出乎意料的功能让许多网友不断尖叫，主动进行分享传播。

好产品都是站在用户的角度进行设计的。例如，智能晾衣机针对消费者的晾衣困难，为其提供了一系列健康晾晒方案。用户很少会主动进行自我表达，所以产品就要学会挖掘用户的潜在需求，并为其提供更简单的解决方案，让其拥有超预期的体验。这样的产品就可以称作消费者心中令其"尖叫"的好产品，而好产品自然会得到消费者的主动传播。

抓住营销热点，吸引消费者

抓住营销热点是一个吸引消费者主动传播的好方式，这种方式既可以低成本发酵话题，又节省了前期预热话题的费用。

利用营销热点不仅省时、省力还省钱，给许多企业的品牌营销带来了甜头。借助人们对热点话题的关注，企业可以顺利把品牌的理念传达给消费者。这种不经意的传播，往往会给消费者留下极为深刻的印象，让其一谈到这个话题就会联想到产品。

品牌的核心价值是品牌的关键，如果热点话题与品牌的核心价值不匹配，那就没有必要借这个热点了，因为这样会给品牌造成不好的影响。下面介绍品牌利用营销热点的 3 个关键。

▸ 有差异才有关注度

"蹭热点"是帮助品牌进行更好的传播，不是让品牌单纯地凑热闹。在借助营销热点时，企业要先找到受众的兴趣点，然后再与产品的特点相结合，策划营销活动。没有针对性的盲目跟风，是不会给消费者留下深刻印象的。

例如，父亲节时网络上有许多关于父亲的话题，或温馨煽情或娱乐搞笑。之前有张父亲撑伞照曾经感动全球，被称为世界上最美的背影。大多数企业在借助这个热点时，都会选择父亲节礼物这个切入点，但这个视角显然有些流于俗套。

吉列则另辟蹊径，在父亲节时策划了晒父子照的主题活动，并且制作了 H5 小游戏，鼓励大家分享照片。这个活动既迎合了父亲节这个热点话题，又有极强的互动性。

▶ "蹭热点"的目的是让消费者产生品牌印象

"蹭热点"是帮助企业在短时间内获得高转发率和高曝光度，但有时内容热度一过，消费者什么也没记住。这是因为有些企业只是单纯地蹭热点，为刷屏而刷屏，却忽略了增加品牌本身的曝光度，因此，"蹭热点"最忌讳生拉硬凑。"蹭热点"不是单纯地调动消费者的情绪，而是经过思考，让消费者对品牌信息产生印象。

例如，《人民的名义》这部影视剧在播出后，非常受欢迎，剧中人物李达康更是成为网友热议的对象。各大品牌纷纷借势推出文案，金立手机的文案是："以安全的名义，保卫人民群众的手机安全。"

这个文案既蹭了热点，又突出了产品特点。此外，金立更是请了李达康的扮演者吴刚作为产品代言人，加强产品与热点的联系，让消费者对品牌留下了深刻印象。在利用营销热点时，企业要时刻记住"蹭热点"的最终目的是被消费者记住，是为品牌传播做出贡献，而不是博君一笑。

▶ "蹭热点"的关键是互动

人虽是独立存在的，但任何人都无法脱离集体而生存，这也是社区类产品始终受欢迎的原因。营销不是一个单向操作的过程，而是一个与大众互动交流的过程。热点信息本身就具备"互动参与感"，所以"蹭热点"也要注重消费者的参与感，让消费者把品牌信息当作讨论的话题。

《星球大战》系列是一个经典的影视 IP，上映后 40 年间收获了无数粉丝。《星球大战：最后的绝地武士》曾在网络上形成了一个热点话题，引来了无数品牌的跟风。

百事可乐借势推出了百事可乐无糖星球大战系列限量罐，不仅改变了产品包装样式，百事可乐还为这个主题包装定制了 H5。通过扫描二维码，手机屏幕可以变为星空，用户旋转手机就可以参与"你和星战中哪个角色最匹配"的测试活动。这种方式不仅增强了活动的互动性和趣味性，星球大战限量罐还引发了《星球大战》粉丝的情感共鸣，实现了视觉与互动的完美结合。

消费者喜欢多样化，但讨厌做选择

由于消费者需求的多样化，消费者更喜欢多样化的产品。但是消费者不喜欢在众多产品中做选择，他们更希望产品告诉自己该如何选择。

主动缩小消费者的选择圈

现在，随着产品同质化状况的加剧，产品个性化已经变成了每家企业必须考虑的事。消费者需要进行选择，如果产品的选择空间不大，很容易降低消费者的体验好感度，但如果消费者面对太多的选择，就会产生"选择困难症"，进而因为难以抉择而放弃购买产品。

过多的选择并不会让人们感到自由和愉快，反而会让人们因为难以选择而陷入焦虑。例如，商店在两个柜台按不同方式陈列，一边摆了 6 种果酱，另一边摆了 24 种果酱，结果摆放了 24 种果酱的柜台只有3% 的购买转化率，而摆放了 6 种果酱的柜台购买转化率达 30%。

因此，企业产品要尽可能缩小消费者的选择圈，别让他们在选择这件事上浪费太多时间。对此，企业可以提前将产品分好类，然后再让消费者

去选择。例如，洗发水的种类很多，但不同的洗发水都会在包装上注明
"滋润型，适合干性发质使用"或"清爽型，适合油性发质使用"，这样
一来，产品的选择难度就降低了，既给了消费者选择的权利，又没有让他
们浪费太多时间。

提供对比，使产品具象化

如果想说一个人个子很高，要怎么形容呢？第一种方法是用数字表
达，例如，"他快接近 2 米了"；第二种方法是找一个参照物作对比，例
如，"他比姚明还高"。这个例子说明企业在向消费者介绍产品时，不能
一直说产品很好，而是要给消费者一个参照物，把产品具象化，让消费者
知道产品究竟有多好。

消费者不会像一个专业的产品经理一样对产品价值做出判断，他们
只能通过对比做出选择。例如，某人打算花 5000 元买一部手机，他有三
星、小米、苹果、华为等许多选择，然后他在对比了每款手机的内存、处
理器、系统、性价比后选择了其中一款手机。

因此，企业想提升产品竞争力，必须让自己的产品具象化，并具备可
比性。下面是几种营销常用的对比方式。

▶ 与过去的解决方案进行对比

大部分产品都是在原来的基础上改良的，例如，肥皂和洗手液、扫帚
和扫地机器人等。企业要通过对比，让消费者知道产品具体有哪些创新，
可以解决他们的哪些问题。

▶ 与竞争对手进行对比

在同质化严重的市场中，竞争非常激烈。企业可以选择直接向竞争对手宣战，与竞品进行对比，指出竞争对手的劣势，放大自己的优势，例如，许多产品的文案中都有和市面上其他产品的对比。需要注意的是，不能恶意抵毁竞品，可着重突出自己产品的优势。

▶ 与不采取行动进行对比

市场中随时都可能出现一些新需求，针对这些需求推出的产品，消费者可能会对其持观望态度。这时，企业就要充分利用消费者对未知的恐惧，分析新问题可能产生的后果，刺激其采取行动。

▶ 与既定认知进行对比

有些品牌在消费者心中已经形成了固定认知，如产品质量、定价等。这时企业可以推出一些高于消费者认知的产品，并以更加亲民的价格出售，提供更优质的售后服务，让消费者感到物有所值，例如，一些产品推出了"加量不加价"包装规格。

"有趣"是最容易感知的特点

消费者都愿意分享更有趣的话题。因此，营销不应该是品牌一个人的"自嗨"，而应该从消费者的角度出发，设计更有趣的内容，从而让消费者参与进来，形成二次传播。下面是让营销方案变有趣的几种方式。

▶ 让消费者自己录广告

贝玲妃为了推广新推出的唇线和唇膏二合一口红，在官网上推出了一款视频交互工具——Real Full Lips，让消费者录制短视频，生成带有个人特色的广告。消费者只需在该工具上选择一款口红，配合做出表情与动作，再输入想说的话，即可完成视频制作，非常方便。

这并不是贝玲妃第一次尝试让消费者自己录广告，之前，为了推广眉妆产品，其便推出过一款名为"眉情解读"的在线小游戏。

贝妃玲这种营销方式让消费者充分参与进来，在有趣的游戏中让其帮助产品进行传播。

▶ 文字+动图

在 iPhone 7 的发布会上，曾出现了一则时长 207 秒的快闪广告，它用"文字+动图"快速闪现的形式，让消费者眼前一亮。这则广告符合年轻人看视频弹幕的习惯，而且便于制作动图，利于传播。

▶ 让简单的事情变成一种挑战

在奥利奥的广告中，NBA 球星奥尼尔上演了高难度动作：奥尼尔绑着绸带从高空滚下就为了吃一口饼干。这样把简单的事情变成一种挑战，增加了广告内容的夸张程度，既迎合了人们对仪式感的重视，又增加了内容的趣味性和话题性。

▶ 利用消费者不想看广告的心理，让他看广告

消费者大多是不喜欢看广告的，否则也不会有越来越多的人为了免广告购买视频会员。美国汽车保险公司 GEICO，利用消费者的这个心理，推出了系列"压缩广告"，既击中了消费者的痛点，又提升了广告的趣味性和话题性。

▶ 见缝插针

沙宣曾在上海地铁站投放了互动广告牌，广告牌会随着地铁进站、驶离的状态不断切换，呈现不同的动态效果，仿佛是地铁行驶带来的风，让广告牌中的人物的秀发随风飘扬。这则广告可以使人们打发等地铁的无聊时间，而地铁站里与地铁上是人们使用手机频率比较高的地点，因此，广告被传播的概率也很大。

唤醒消费者的情绪

李国威曾说过："一个好内容的首要技巧，最重要的是站在读者兴趣的角度，与目标读者产生'利益'与'情感'的关联。"营销只有触动消费者的情绪，才能使其形成分享内容的动机。

三步引爆消费者的情绪点

情绪是激发消费者兴趣、促使其产生购买行为的重要原因。带有情绪标签的品牌或产品，不仅可以迎合消费群体的心理需求，指导消费者的行动，还能带动消费者形成品牌偏好，促进产品的销售。那么企业要如何引爆消费者的情绪点呢？具体分以下三步。

▶ 确立品牌的情绪类型

根据目标消费者的情绪特征确立品牌的情绪类型，使消费者与品牌形成心理体验上的互动。唯品会曾推出了大型促销活动"撒娇节"，将撒娇这个情绪与商品建立联系，唤醒消费者想要撒娇的情绪，并给他们提供了一个撒娇的平台。

► 创建情绪化的品牌 IP

创建情绪化的品牌 IP 可以理解为将品牌拟人化，让品牌形象更具人格温度，如麦当劳的麦当劳叔叔、小米的米兔等。情绪化的品牌 IP 可以通过一个情绪鲜明的品牌形象的各种行为和故事，唤醒消费者的认同感。例如，"同道大叔"的品牌形象是一个胡子拉碴、穿黑短裤、光着脚的得意大叔的形象，既有趣又符合年轻消费者喜爱"炫酷"的情绪定位，让品牌形象更加亲民，更具消费黏性。

► 撰写情绪化的品牌文案

唤醒消费者的情绪需要进行全方位的营销策划，其中自然少不了一篇优质的文案。情绪是感性与抽象的，所以需要一篇具体的文案来引导消费者的情绪，让其产生购买产品的冲动。例如，华味亨推出了"果的小情绪"系列果干，每一款果干都搭配了表达不同情绪的文案，将女孩子多变的情绪宣泄得淋漓尽致。

喜茶、丧茶对消费者的情绪唤醒

大家应该都曾在朋友圈里刷到过朋友排长队买喜茶的图，为了买杯奶茶，需要等上数小时甚至大半天，许多人都会觉得有点荒谬，但还是有不少人在好奇心的驱使下坚持等下去，而喜茶也凭借着"排队"越来越火。

为什么排队会让喜茶越来越火呢？这实际上是经济学上的羊群效应。消费者就像羊群，看到其他羊都去吃大树下的青草，那么自己就也要去尝一下，即使自己并不知道那里的草是不是真的比别处的草美味。

喜茶的标志就是排队，这是喜茶的一种文化。首先，喜茶将自己的产品包装成"高颜值"，让消费者有分享的欲望。其次，喜茶在每一家门店都营造出门庭若市的样子，让更多的人在好奇心的驱使下加入排队大军。分享的人越多，喜茶的人气就越高；而喜茶的人气越高，就会有更多人的去分享。喜茶的成功在于将消费者"凑热闹"的情绪利用到了极致。

无独有偶，既喜茶之后，丧茶也通过对消费者情绪的唤醒大获成功。

丧茶来源于微博网友的一个"脑洞"，即在喜茶店对面开一家丧茶店，然后用生活中各种不开心的事命名各种产品。于是网易新闻与饿了么就真的顺势开了一家只营业 4 天的丧茶快闪店，既对标网红喜茶店，又迎合正流行的"丧"文化。这家店前期没有做任何宣传，仅凭网友自发传播，开业第二天就红遍了朋友圈。

丧茶的每款产品上都有专属的"丧"文案。现今，年轻人工作压力大，急需一个发泄情感的出口，而丧茶恰好为人们提供了这样一个平台。再加上其产品新奇有趣的切入点，很容易就唤醒了消费者想要分享的情绪。

与喜茶利用人们的从众心理不同，丧茶则是直接为人们提供了一个宣泄情绪的方式，让消费者可以直接用丧茶来表达情绪，从而促进产品的传播。

10

营销团队：找到你的"神队友"

俗话说："三个臭皮匠顶个诸葛亮。"品牌营销离不开一支优秀的营销团队。
企业在掌握营销方法的基础上还需要有一支执行力满分的营销团队，这样才
能达到最佳的营销效果。

怎样组建一支优秀的营销团队

组建一支优秀的营销团队离不开合理的人才搭配和人性化的管理方式，企业只有做到这两点，才能使营销团队攻无不破、战无不胜。

搭建良好的学习环境

《第五项修炼》的作者彼得·圣吉说："学习智障对孩童来说是个悲剧，而对团队来说，可能是致命的。"因此，搭建一支优秀的营销团队离不开对团队学习环境的构建。

现代社会竞争激烈，如果一支团队不学习、不进步，就会在竞争中显得拙劣，最终因跟不上时代而被淘汰。因此，一支优秀的营销团队只有通过不断的学习，才能获得长久的竞争力，从而创造更高的业绩。

为营销团队搭建良好的学习环境有以下三种方法。

▶ 奖励机制，促使成员学习

搭建学习环境要先让团队成员主动学习，只有个人学习，团队才能学习。企业可以不时推出一些措施，奖励坚持学习的成员，并在团队中通报，将他们变成榜样，以形成人人学习、人人上进的良好氛围。

▶ 培训学习，必不可少的机制

培训制度是搭建良好的学习环境的重要手段之一。市场的变化要求企业的营销团队必须不断地学习新知识和掌握新技能，培训因带有强制性的特点，可以定期帮助营销团队更新信息。培训既包括业务、知识、技能培训又包括企业文化培训。对于进入团队的新成员，培训更是必不可少的，培训可以让他们快速适应工作并融入团队氛围。另外，为保证培训的效率，营销团队的培训必须是有计划、有组织的，不能是随机的，否则会打击成员学习的积极性。

▶ 交流经验，营造良好的氛围

良好的学习环境必须形成一种学习和探讨的氛围，团队成员在这样的氛围中会更积极地参与学习、交流经验、创新方法，比起硬性规定更有利于团队的提升。

优秀的营销团队可以持续成长，持续的成长比短暂的高业绩更重要。随着网络时代的来临，营销团队的学习将会更加便利，例如，网络课堂、视频会议、微信群即时交流等，成员学习的时间更自由，学习的机会更多样。通过不断给营销团队充电，搭建良好的学习环境，企业一定能打造出最优秀的营销团队。

给员工归属感，留住人才

很多企业的营销人员流动性非常大，精心培养的员工一有好去处就马上跳槽，甚至提薪、调岗都无法降低员工的离职率，这背后的原因可能是企业忽略了员工的归属感。

员工的归属感是指员工在工作一段时间后，在心理上、感情上的认同感，在工作上的使命感和成就感等一系列内化的情感。

显然，让员工对企业产生归属感才能真正留住人才，那么如何才能让员工产生归属感呢？马斯洛需求层次理论将需求从低层次到高层次依次分为生理需求、安全需求、社交需求、尊重需求和自我实现需求，如图 10-1 所示。企业想要让员工产生归属感，就必须满足他们的需求。

图 10-1 马斯洛需求层次理论

▶ 生理需求和安全需求

过去，人们为了一份"铁饭碗"可能不会介意企业的"压榨"行为，但这种"又想马儿跑，又想马儿不吃草"的管理方式，显然已经不适用于现在的年轻人了，要满足现在年轻员工的需求，必须做到以下两点。

▷ 合理的薪资待遇。马云曾经总结过员工离职的原因："员工辞职，要么钱给少了，要么心委屈了。"大部分人应该都是能认同这个观点的，企业的薪资不一定必须对标行业巨头，但应该合理，让员工的付出与收获成正比，这样才能有效激励员工。

▷ 对公司发展有期待。没有人愿意待在一家前景不明的企业，也没有人愿意一辈子做一个职位，员工对企业有盼头才会拥有归属感。对此，企业可以定期公布经营状况，让员工看到企业的发展，另外，企业要为每一位员工设置合理的晋升通道，让员工可以实现个人价值。

▸ 社交需求

团队文化是培养员工和企业之间的感情的重要工具，它可以从精神上提升员工对企业的归属感。

▷ 和谐的团队关系。80%的员工离职都是因为对直接上级不满意。因此，团队领导不要动不动就疾言厉色地教训员工，没有人喜欢每天挨骂，基本的尊重是构建和谐团队关系的基础。除了工作，团队还可以经常组织一些活动，如聚餐、竞技比赛等，加强同事间的交流，使其工作时的配合更默契。

▷ 适当的人文关怀。企业应多了解员工的烦恼，并为其提供解决方案，如免费班车、带薪休假等。企业福利好，员工自然有归属感。

▸ 尊重需求

现在的95后、00后，不喜欢被职场"潜规则"束缚，因此，企业要营造平等、互相尊重的氛围，以留住年轻员工。对此，营销团队需要去标签化，淡化员工等级，让老员工和新员工成为心照不宣的朋友而不是上下级。

▸ 自我实现需求

现在的年轻员工更关心自身的职业发展前景，他们可能会为了长期发展，接受工资低一点，但绝不会接受工作没有成长性。对此，企业要针对不同层次的员工有针对性地提升其个人能力，充分发挥每一个人的作用，做到人尽其才。

利用"12321"法则，打造相辅相成的团队

"12321"法则是组建一个营销团队的方法，具体组成内容如下。

▸ "1"个必不可少的领头人

管理学界有一句名言："一头狮子带领一群羊能够打败一头羊领导的一群狮子。"一个强有力的管理者是一支优秀的营销团队必不可少的成员。这个道理每个人都明白，但不同的企业对营销团队管理者的要求可能千差万别，有的企业在两年内甚至换了五六个项目操盘者。

其实对营销团队管理者来说，最基本的素质是了解产品销售流程；最重要的素质是言出必行的执行力。例如，基础的社区营销团队的管理者要能身体力行、起早贪黑；区域经理要具有一定激励技巧和培训能力；销售总监要具备市场统筹规划能力；招商销售经理要具有分析营销模式的能力。

▸ "2"个保证业绩的精英

按照二八原则，营销团队中20%的精英能贡献80%的业绩。许多企业在招聘业务员时特别注重经验，这其实是一个误区，精英业务员的共同

特点是积极主动，善于寻找方法，而这一点和经验并不是很相关的。有的管理者希望团队里所有的业务员都是业务高手，其实这是不现实的。如果每个人都是精英，首先，他们有可能会互相"拆台"；其次，团队在奖励和晋升上难以公正；最后，过大的竞争压力会使一部分人离开，结果还是只能剩下一两个精英业务员。

▶ "3"个各方面表现平平的一般人员

业绩的突破在精英，稳定的发展在一般人员。一般人员是管理者最容易忽视的员工，管理者认为一般人员可有可无，其实不然。这些员工可能都经验丰富，但由于缺少有效激励，没有发挥自己的特长，但偶尔能解决一些棘手的问题。企业要长期发展，离不开一般人员的贡献，他们对企业润物细无声的支援是精英无法企及的，因此，营销团队应该重视一般人员的作用，给他们施展才华的机会和平台。

▶ "2"个有非凡潜力的待培养人员

团队中除了核心业务还会有一些琐碎的工作，如打印材料、挪动桌椅等非业务性工作，这时两个待培养人员的作用就凸显出来了。

待培养人员一般加入团队的时间比较短，还不能承担重要工作，但已经表现出来某种才能，如思维能力、口才等，再经过一段时间的工作和培养有希望成为精英人员。如果管理得当，这种员工的忠诚度是最高的，因为他们从平平无奇到被发掘成为中流砥柱都是在团队中，所以很可能会对团队报有感恩之心。

▶ "1"个可能会被末位淘汰的最差者

大部分营销团队都会实行末位淘汰制，淘汰业绩垫底的人。任何一个管理者都不希望这个人存在，但是如果团队想要让业绩上一个档次或贯彻转型决定，这个人就是关键人物。管理者需要借助这个人为团队其他成员敲响警钟，刺激其他成员提高执行力。

营销团队如何精准运作

营销不是单纯地打广告，而是系统宣传产品或品牌的过程。对此，企业需要精细化运作营销团队，避免大投入、微回报。

拒绝狂轰滥炸式的低级营销

每逢节假日大家都有过被各式各样的营销广告轰炸的经历。用力过猛的营销，显然会对消费者起反效果，让他们降低对品牌的好感。对此，企业要摒弃媚俗化、过气化的狂轰滥炸式营销，转而进行小而精的高级营销。

▶ 关注非大众人群，为他们发声

偶像剧《放羊的星星》中有一个情节：女主角在情人节时，为单身人群设计了一款单身戒指。这就是一种反向营销，情人节虽然是情侣的主题节日，但另一群基数庞大的单身人士却被大众所忽略。当所有品牌都在争抢情侣们的目光时，企业不妨反其道而行之，去吸引单身人士的注意。各种名目的情人节加起来有 14 个，而单身节却只有 11 月 11 日这一天，还成了网购狂欢节，可想单身人士有多郁闷。因此，如果有企业在这样的节日里为单身人士设计活动，自然能吸引他们的关注。

▶ 适当调侃同行，彰显品牌的亲和气质

品牌营销要注意和消费者拉近距离，从朋友的角度给予消费者建议，而不是瞄准消费者的口袋向他们推销产品。例如，沪江网校的文案"他们关心你的口袋，而我在乎你的脑袋"，巧妙地调侃了其他品牌唆使消费者"买买买"的行为，同时又宣传了自己的课程。

▶ 打造符合自身产品气质的营销壁垒

有的产品有不可撼动的价格壁垒，如奢侈品等；有的产品有符合自身产品气质的专属节日，如月饼等。消费者之所以对营销感到不堪其扰，是因为大多数品牌营销在策划时既没考虑消费者需求，又忽略了消费者的使用场景。于是，营销活动只能是费力不讨好的。

例如，大部分在线教育平台，在假期时部分产品的活跃度一般都会下降，这是因为很多人都想趁放假时休息一下。因此，这种产品就不适合在节日时做营销，可以等到假期结束了，大家玩够了，推出一个活动告诉大家该收心开始学习了，这样，消费者会更容易接受。

品牌营销切忌盲目跟风，而是要适合自家产品。企业要放下节日跟风的执念，深入分析自家产品的特性和目标人群需求，结合两者设计营销活动，才能效果、口碑双丰收。

从开环到闭环式的营销策略

现今，我们身处在一个产品量爆炸、信息碎片化、消费需求细化的时代，网红爆品层出不穷，消费者可以在数以万计的产品中挑选自己喜欢的那一款。在新的时代背景下，很少有品牌能满足所有消费者的需求，从前那种产品主导的开环式营销策略已经不再适用了，企业要想打造更有生命力的网红产品，就需要进行闭环式营销。

闭环式营销主要是对消费者的占领，即通过识别消费者、吸引消费者来留存消费者，然后再让老用户带新用户，进行新一轮转化。"我知道在广告上的投资有一半是无用的，但问题是我不知道是哪一半。"这是长久以来营销界一个共同的痛点，消费者受什么内容吸引、被什么要素刺激做出决策，营销人员是不知道的。闭环式营销通过数据反馈，能先将所有用户分为无感者、关注者、互动者、追随者，然后根据用户的进一步互动，分析出用户的属性，从而更有效地将访客转化为潜在消费者甚至是消费者。开展闭环式营销，有以下 3 种方法。

▶ 精准把握品牌特质，打造跨界网红爆点

随着中国消费者审美自信的提升，国潮品牌开始受到追捧，国货经典案例层出不穷。例如，上海家化的六神花露水和 RIO 鸡尾酒的合作，美加净和大白兔奶糖的合作等。

这些品牌跨界的成功，除了创意，还得益于对自家产品特质的充分挖掘。上海家化丰富的品牌矩阵，为打造网红产品创造了广阔空间，不同产品组合又形成了新的产品，充分适应当下消费者差异化、细分化的需求，从而将消费者圈定在了企业营销的闭环之中。

▶ 捕捉消费洞察，精准定位、顺势而为

中国市场很大，每一个细分市场都蕴藏着巨大的商机。对消费者的洞察是开展闭环式营销的关键。例如，英国免洗洗发水品牌碧缇丝的产品特点是无水洗发、易于携带、30秒快速去油。其在进入中国市场后，将消费者群体从年轻的女性用户进一步定位为"社交型懒人"，并围绕具备这个特征的大学生、白领推广产品，获得了巨大的成功，实现了持续高速增长。

由此可见，有效识别用户需求对开展闭环式营销有着至关重要的作用，它能帮助品牌尽可能多地覆盖目标消费人群。

▶ 精准触达，产品需要更懂渠道

面对目标消费群体，不仅要考虑他们使用产品的特征，还要考虑他们购买产品的特征。如今，购物渠道多样化，除了传统的超市、百货等线下渠道，还有各种跨境电商、社交电商、垂直电商等线上渠道。渠道纷繁复杂，对此，串联起品牌消费渠道对开展闭环式营销有着重要作用，只有实现对目标消费人群的渠道全覆盖，才能进行更多有效营销。

与用户黏性"较劲"

用户黏性是指用户对品牌的依赖程度，是衡量用户忠诚度的重要指标。提高用户黏性对提高整个企业的品牌形象有着重要作用。例如，很多邮箱服务企业长期以来都没有提高服务质量的计划，这是因为这种产品的用户不会轻易更改账号，所以就算它们不提高服务质量用户也不会流失。这就是用户黏性的作用，只要黏住了用户，产品销量就有了保障。因此，营销的工作重点就是提升用户黏性，让用户舍不得离开。对此有以下三种提升用户黏性的方法。

▶ 持续优化内容

信息轰炸使用户停留在广告上的时间也许只有一秒，而新奇的、有价值的内容却能长时间吸引用户的注意力。很多企业都是通过内容营销的方式提升品牌形象的，即使在艰难的营销环境中，好的内容仍能开辟出一条道路，吸引用户的目光，让企业获得成功。

那么什么是符合用户价值的内容呢？简单来讲，就是用户需要什么，企业就提供什么；用户有什么问题，企业就提供解决问题的方案。所以，有价值的内容一般有以下几点特征。

▷ 引起用户的共鸣。情绪能够吸引用户的注意力，增加记忆点并诱发购买行为。无论积极的情绪还是消极的情绪，都能成为驱动力。

▷ 制作精良。原创的内容，包含作者的独特思想，具有一定趣味性，可读性强，发人深省，也显得比较有诚意。

▷ 内容能够发挥作用。内容可以是增长见闻的知识型的，也可以是日常生活中的实用小技巧。总之，"干货"越多，越能让用户接受。

▶ 提高留存率

有些产品在解决了吸引新用户的问题以后，接着又发现了一个新问题，就是用户停留的时间太短，也就意味着这款产品对用户没什么吸引力。解决这个问题最好的办法就是记录用户的留存率和流失情况，并采取相应的手段在用户流失之前，吸引用户继续使用产品。

▸ 高频互动提高活跃度

在新的市场环境下，企业想要把用户沉淀为品牌资产，就不能再将用户视为"猎物"，而要将用户视为亲密的"队友"，通过高频互动提高其活跃度。

用户购买产品的过程不是一蹴而就的，而是逐层递进的，如果想要让用户喜欢上某个产品，营销人员需要对用户进行逐层引导，不断地加强与用户的互动，让用户在不知不觉中喜欢上自家的产品。

例如，迪士尼主题公园为每个来此度假的游客营造了独特、有趣的童话世界。其中，吃喝玩乐的项目应有尽有，而且每个园区都各有特色，玩法众多，让人应接不暇。除此之外，卡通人物在主题公园中来回走动，与游客互动。在这些互动中，品牌逐渐形成了口碑传播，扩大了营销的影响力。

简单、传播性强的互动是增加用户黏性的一个有力武器，用户在一个愉快的互动氛围中，或者在游戏中加强了对品牌的认知，会慢慢变得离不开品牌的产品，从而成为品牌的忠实拥护者。

11

新媒体传播：用户去哪儿，品牌营销就应该跟到哪儿

随着互联网技术的发展，新媒体平台和用户不断增加，逐渐成为企业新的营销重点。新媒体相较于其他营销渠道，自带庞大的用户群和用户数据库，可以更方便地实现精准营销，如用户关注了哪些产品、留过什么言、给什么内容点过赞等。这些信息可以帮助企业建立用户画像，让企业更加精准地投放内容，同时还能增强产品与消费者的互动性。

企业品牌的新媒体平台

为了达到最好的营销效果，企业应该在目标消费者常用的新媒体平台上建立自己的官方账号，包括微博平台、微信平台、直播平台、知识型平台等。

微博平台：用微博为自己的品牌代言

大多数企业都愿意把微博作为新媒体营销的主战场，主要是因为与其他平台相比，微博有着快速发言、公开阅读的优势，这种优势可以帮助品牌获得更好的传播效果。像那些娱乐八卦类、美妆类、星座类、新闻类的微博账号，在粉丝的助力下，通常都会有很高的人气。

与微信等平台不同，微博的账号信息都是开放的，这决定了其信息传播的速度非常快。例如，支付宝的抽奖活动曾引发了微博的舆论轰动，在短短6个小时内就实现了百万转发量。支付宝在关于抽奖的第一条微博中并没有透露具体的奖品信息，而是让大家关注评论区。网友在评论区中积极讨论了起来，一时之间众说纷纭，将全网网友的好奇心调动到了极致。

一个小时后，支付宝发布了详细的奖品内容，涵盖了国庆期间的吃、喝、住、行，让网友叹为观止。这个豪华大奖让支付宝的这条微博获得了空前绝后的转发量，迅速登上了微博热搜榜。另外，只有一个中奖用户这一点也为活动制造了极高的话题性。这一活动借助国庆节的热度和"锦鲤"这一传播性极强的话题，在前期造势时就获得了极高的关注度，活动开始后更是有着空前的参与度。即使中奖概率极低，但因参与方式简单，很多网友都抱着"试试看"的心态去尝试，传播效果非常好。

除了自己制造话题，企业还可以在微博上借别人的话题营销。对此，企业可以多留意一些热门微博，多到评论区留言，一般都会得到不错的反响。在支付宝发布抽奖活动期间，很多品牌借着支付宝的"锦鲤"话题联动宣传，也都获得了不错的效果。

微信平台：打造高效率吸金平台

自从微信和朋友圈成为人们日常必备的沟通媒介后，微信也逐渐成为企业的主要宣传渠道之一。与微博相比，微信的优势体现在内容方面，例如，内容设定追求精准化，排版风格追求美感和精致。因此，企业可以通过微信推送极具吸引力的高质量内容，从而激发消费者的互动积极性。

微信营销的主要工作是把内容做好，精准引流，促进转化。对此，企业需要做好以下几点。

▶ 标题的设置

微信文案的标题一定要有非常鲜明的特点，最好读者一看到就能大概知道内容是什么。这样才能激发他们的阅读欲望，从而增加点击率。

▶ 微信"小尾巴"的设置

所谓"小尾巴"就是每篇公众号内容末尾的品牌或产品介绍。这个内容的分布要恰到好处，不要占据太大的篇幅，否则容易让被内容吸引进来的消费者产生被欺骗的感觉。

▶ 评论区的互动

目前，微信官方已经开放了评论区，所有粉丝都可以在评论区表达自己的想法，提出自己的建议。而且其他微信用户也能看到这些评论内容，如果引发他们与品牌粉丝的讨论，很可能会刺激一部分人关注品牌。这样一来，就达到了为品牌吸粉的目的。

直播平台：邀请名人明星为品牌背书

近几年，直播逐渐走入人们的视野，本着消费者在哪儿，营销就应该到哪儿的原则，许多企业都对直播做了尝试。一些知名主播，如李佳琦、薇娅等，甚至实现了一场直播销售千万元的神话，让更多企业坚定了拓展直播营销的信心。

但品牌营销不止有卖货一个目的，长远来看，只有优质内容与吸引力高的品牌相结合，才能长期、高效地影响目标消费群体，促进品牌的增长。因此，直播营销不能只盯着卖货，还要创新模式，以帮助品牌获得长久的影响力。以下是 3 种典型的直播模式。

▸ 明星代言式直播

明星代言是最常见的营销方式，品牌借助明星的影响力迅速打开市场，建立知名度。但现在很多明星进行的直播带货，虽然对产品卖货很有帮助，但对品牌营销却没有价值。因为明星一场直播要带几十种货，把自己的影响力分散在几十个品牌上，最终只能是每个品牌都没有获得明星的加持。

对此，品牌可以进行专场直播或长期直播。例如，良品铺子在推广儿童零食新品时，请刘敏涛进行了专场直播。"明星+母亲"的身份，让她充分赋予了新产品"健康、关爱"的形象，也让观看直播的观众对新产品有了正确的初步认知。

▸ IP 打造式直播

不少 CEO 为了提升品牌营销的效果也纷纷走进直播间，如麦当劳中国首席执行官张家茵、TCL 实业 CEO 王成等。CEO 直播最重要的是打造领导人 IP，例如，乔布斯一直是苹果的代言人，他独特的人格魅力，是企业重要的品牌标志。

▸ 内容创意式直播

直播营销并不只有直播带货这一种形式，它应该有更丰富的形式和内容。例如，"壹心娱乐"创始人杨天真在接受采访时说："我想做'带着内容的直播'，做真正的分享，剧、综艺、采访……将这些内容以直播的形式呈现。"可见，"直播内容"才是未来直播营销的大趋势。

知识型平台：在知乎等平台宣传企业核心理念

近年来，知识分享类平台取得了极为迅猛的发展，知乎是其中最为典型的一个例子。从目前情况来看，知乎已经成为中国首屈一指的分享类社区，它的帖子不仅有很强的专业性，还包含了丰富的互联网文化。因此，知乎的受众群体也正在变得越来越广。

企业的核心理念比较适合在知乎平台进行宣传，例如，产品测评、新产品技术解析等。那么企业应该如何利用知乎营销呢？有以下4种方法。

▶ 选择合适的推广手段

知乎的推广手段有两种，第一种，在自我介绍中加入推广信息；第二种，在回答的问题的末尾加上推广信息。

上述两种推广手段各有利弊，第一种推广手段的展现效率很高，不管读者有没有看完帖子，都有机会看到推广信息，缺点是转化率会比较低。第二种推广手段的展现效率比较低，但转化率非常高。一个愿意将帖子内容看到最后的人，很可能想去进一步了解品牌。

▶ 给自己的知乎账号定位

为了营销的精确性，企业还要给自己的知乎账号定位，选择一个合适的话题，然后把这个话题做好、做精，才能吸引目标消费人群。例如，如果选择"护肤"这一话题，就要寻找一些与"护肤"有关的子话题，并把这些子话题都关注好，这样才能保证所有对"护肤"感兴趣的读者都能看到帖子。

▶ 对问题进行准确判断

在提问之前，企业要先判断这个问题可能会获得的关注度，这是因为关注度越高的问题，越有可能形成话题，使更多人参与讨论。例如，新闻热点、娱乐热点，或是体验式提问、推荐式提问等，这些问题一般都能引起广泛的关注。

▶ 写高质量答案

答案质量是决定关注度的关键，优质答案应有两个特点，即"亲身体会+图文并茂"。知乎用户通常都比较关注答案的真实性，而不是答案的文采，图片能极大地增加答案的真实性，只要保证了这一点，帖子就能取得非常不错的传播效果。

企业新媒体平台的打造秘诀

打造企业新媒体平台，建立企业媒体宣传矩阵，需要有计划、有策略，整合资源，精准投放，以实现投入最小化，传播效果最大化。

新媒介融合，建立企业的新媒体矩阵

新媒体平台越来越多，企业每天要更新多个平台，但不知道需要重点运营哪个平台，也不知道怎样把这些平台联合起来，最大化传播效果。对此，企业要学会建立自己的新媒体矩阵，实现联动宣传。所谓新媒体矩阵是指能够触达目标消费群体的新媒体渠道的组合，包括横向矩阵和纵向矩阵两种类型。

▷ 横向矩阵。横向矩阵也可以称为外矩阵，是指企业在全媒体平台的布局，包括自家 App、网站及各类新媒体平台，如微信、微博等。一些常用的新媒体平台，如图 11-1 所示。

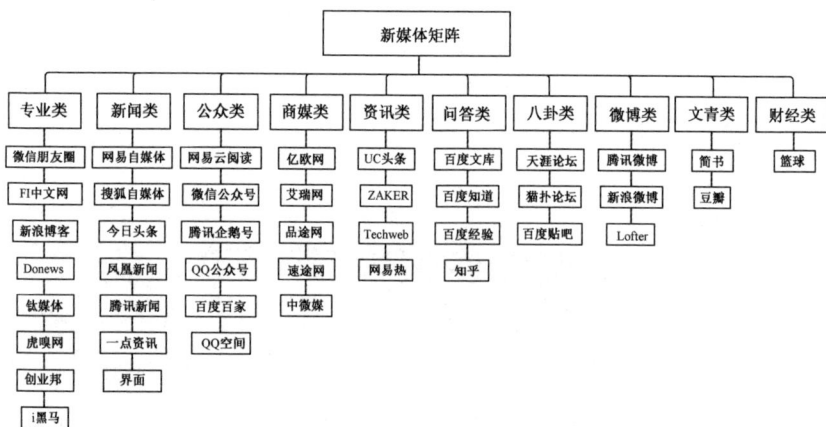

图 11-1　常用的新媒体平台

▷ 纵向矩阵。纵向矩阵也可以称为内矩阵,是指企业在某个媒体平台上各个产品线的纵向布局。布局的媒体平台一般都是大平台,例如,微信可以布局订阅号、社群、个人号、小程序等。微信、今日头条和微博的纵向矩阵如表 11-1 所示。

表 11-1　微信、今日头条和微博的纵向矩阵

微信	今日头条	微博
订阅号	头条号	状态
服务号	抖音	新浪点
社群	悟空问答	秒拍视频
个人号	西瓜视频	一直播
小程序	火山小视频	爱动小视频

企业搭建新媒体矩阵的作用主要是优化宣传效果,实现内容多元化、风险分散、协同放大宣传。

▷ 内容多元化。每个新媒体平台都有自己的风格，例如，微信公众号以图文为主，抖音以短视频为主。企业在多个平台上建立账号，可以将营销内容多元化，从而吸引不同的受众。例如，钉钉在 B 站发布的自黑视频，吸引了许多年轻用户的关注，拓展了产品的受众范围。

▷ 风险分散。企业集中在一个平台运营，如果因某个失误导致账号被封，那么前期所有的营销努力都会前功尽弃。搭建新媒体矩阵的作用在这时就体现出来了，由于企业已将粉丝导流到其他平台，能降低某一平台账号被封的影响。

▷ 协同放大宣传

搭建新媒体矩阵后，不同平台可以形成互补。例如，企业可以先在微博上为营销活动造势，然后在微信平台上进行转化，最后在其他媒体平台分发品牌公关稿，最大程度提升曝光度。这样消费者可能在微博上看到产品宣传，对产品形成印象，然后又在微信上看到该产品的宣传，进而产生消费冲动。

投放精准，产品公关锁定目标人群

随着时代的发展，那种大范围投放式的营销宣传已经不再适用于现在的市场环境了，精准投放，直接触达目标人群才是现在营销的主流方式。企业精准投放广告的依据有以下几个。

▶ 地理位置

例如，A 企业在 A 省，它的广告自然要侧重投放在 A 省。因为 A 省知道 A 企业的人比较多，获取目标消费者也会更容易。

▶ 基本信息

很多产品都会在用户注册时让用户填写基本信息、兴趣偏好等，这有利于利用大数据向用户推荐他们感兴趣的内容，如今日头条的推荐功能。

▶ 用户状态

企业在投放广告时还要注意用户的状态，如婚恋状态、生活状态等，以便及时向用户推荐他们当下最需要的产品。

▶ 消费水平

了解用户的消费水平有助于企业在电商平台投放广告。企业可以根据用户的消费记录来确定他的消费水平，从而结合品牌定位来决定是否向该用户投放推广信息。

▶ 天气定向

企业还可以根据当天的紫外线指数、温度、气象情况等数据定向投放广告，例如，在高温天气向从事户外工作的人投放防晒服、防晒霜的广告，一定很容易吸引这些人的注意。

谨记内容为王，提供专业内容

在互联网和自媒体快速发展的时代，比起事无巨细介绍产品的广告，一篇内容优质的文章，更容易吸引消费者的注意，让他们潜移默化地接受产品。

国内规模较大电影评分网站之一的豆瓣发布过一则视频，这则视频在短短几天时间内就引起了无数人的共鸣，它以"不平凡"的内容，打造出一种追求文艺情怀的品牌形象。下面是这则视频的内容：

"除了一个小秘密，我只是一个极其平凡的人。我张开双臂拥抱世界，世界也拥抱我。我经历的或未经历的，都是我想表达的。我自由，渴望交流，懂得与人相处，但不强求共鸣；我勇敢，热爱和平，总奋不顾身地怀疑，怀疑，我在哪里，该去哪里。童年，或许还有过些，可和你一样，小时候的事，只有大人才记得。我健康，偶尔脆弱，但从不缺少照顾，也尝过爱情的滋味，真正的爱情。如果不联络，朋友们并不知道我在哪里，但他们明白，除了这个小秘密，我只是一个极其平凡的人。我有时会张开双臂拥抱世界，有时，我只想一个人。我们的精神角落，豆瓣。"

豆瓣的宣传视频如同一个小故事，"豆瓣"是主人公，用户伴随着豆瓣的视角，追寻着自己的小秘密，使整个视频内容处处流露出一种独立于世、淡然处之的品牌文化。当看完所有的内容后，许多用户随着主人公"豆瓣"一起沉浸在文艺的世界，这个世界中充满着傲气与自信，这是一种这个时代的人们的特定追求，同时也是这个时代的人们所欠缺的东西。当看完视频以后，用户就能真正理解豆瓣的文化。

通过这则视频，豆瓣与一种独立于世的文化风格融为一体，这也正是豆瓣营销最成功的地方。豆瓣的目标人群定位是"文艺青年"，而这种品牌风格显然可以更容易吸引目标人群的关注，让他们从心底产生豆瓣懂他们、接纳他们的感觉，最终这些用户从豆瓣的品牌风格上得到了精神上的共鸣，也意味着豆瓣的文化将烙印在他们的内心深处。

12

品牌营销活动的设计与执行

如何才能设计一场效果绝佳的品牌营销活动？企业不仅需要有一套完善的营销方法，还需要有品牌思维及创新意识。

设计营销方案

营销方案是营销活动的骨架。明确了大致的营销方向和策略，企业才能设计出环环相扣的营销活动。

瑞夫斯的 USP 策略

20 世纪 50 年代，罗瑟·瑞夫斯提出 USP 策略，它是一种针对产品的营销策略，指出应向消费者提出一个"独特的销售主张"，即产品卖点。其实，在 USP 策略诞生之前，人们对营销的认识就是"让产品变得更好卖"，因此，可以说人们早就已经开始使用 USP 策略了，只是没有形成一种理论。大部分企业在做产品策划时常用的市场调研、品牌定位、市场定位、概念提出、传播推广 5 个步骤，就是 USP 策略的核心步骤。

▶ 市场调研

市场调研是通过走访调查，收集目标消费者及市场现状的资料。很多企业在做关于市场的调研时，在办公室里查查资料就了事，这是非常不对的。真正的市场调研，80%靠走访调查，20%才是坐在电脑前分析资料，反之会使调研效果大打折扣。

  ▶ 品牌定位

品牌定位是指根据调研资料确定品牌的调性。在如今这个消费品爆炸的时代，消费者一般只能记住每个品类下面的几个品牌，因此，突出而明确的品牌定位，有利于给消费者留下深刻印象。

  ▶ 市场定位

市场定位是指根据市场状况确定品牌在市场中的位置。企业进行市场定位需要先明确品牌是什么、其产品用途是什么，目标客户是谁、面临着什么问题，品牌能提供的理性利益是什么等问题。然后就可以通过分析竞争对手的情况及市场宏观、微观情况，来确定市场定位。

  ▶ 概念提出

营销的概念是在前三个步骤之上总结出来的产品卖点，如小米手机的物美价廉及完美日记的国货护肤品等都是营销概念。这个概念不是营销人员在会议室拍脑袋想出来的，也不能经常更改，它需要符合品牌的气质，贯穿于营销活动的始终。

  ▶ 传播推广

在明确相关定位及策略后，企业就要进行具体的传播推广工作了。企业在推广时要注意挖掘和自家产品契合度高的渠道，以保证传播的效率。

奥格威的品牌形象论

USP 策略的核心理念是让产品更有销售力。然而，现在越来越多的企业发现，只关注产品很难再获得影响力巨大的营销效果了，这是因为产品同质化日趋严重，独特的卖点会迅速被同行模仿，甚至被超越。

为了改变这个现状，广告教父大卫·奥格威提出了品牌形象论。他认为，广告的目标是塑造品牌形象而非获取短期利益。每个品牌都应有自己的形象，每则广告就是对品牌形象的投资。消费者不仅想购买产品，还想购买心理满足感，因此，广告应为品牌赋予更多的情感价值。

我们以三只松鼠为例，分析企业是如何进行品牌形象营销的。

▸ 品牌形象

品牌形象动漫化，提升消费者的好感。三只松鼠的品牌形象是三只超萌的小松鼠，它们出现在 Logo、产品包装、产品宣传页等各个地方，甚至还有自己的专属动画。品牌将"萌"的形象贯彻到底，直击年轻网购一族的心理防线，让他们不由自主地对可爱的小松鼠心生好感。

▸ 品牌产品

三只松鼠坚持使用优质原料，始终专注于坚果、干果等森林食品的研发，并保证送达消费者手中的产品都是最新鲜的，贯彻了品牌关爱至上的理念。

▸ 品牌消费者

无论消费前客服的耐心解答还是产品售出后的后续服务，三只松鼠无一不体现着品牌对消费体验的重视。这种"主人"般的消费体验，让消费者的情感需求得到了进一步满足。

▸ 品牌通路

三只松鼠主打互联网坚果第一品牌，只在互联网上营销。因此，其铺设了互联网电商全渠道，如淘宝、天猫、京东、当当等，拓宽了产品营销的通路，让其对消费者随处可见。

▶ 品牌视觉

从网店设计到产品包装，松鼠、坚果等元素无处不在，极大地提升了用户对产品的感知力度。

品牌形象的塑造是一个系统的过程，需要从消费者、产品力、竞争者三个维度，提炼出品牌价值，再通过各项手段如视觉体系、渠道建设等来塑造。

整合营销：在交互中实现价值增值

现在的营销是效果为王的时代，这是所有互联网人的共识。花在品牌营销上的每一笔钱不仅要带来流量，还要实现转化。在这样的背景下，企业必须学会整合营销。整合营销是把各个独立的营销整合成一个整体，以产生协同效应。

整合营销分为水平整合和垂直整合两个层次。水平整合包括信息内容的整合、传播工具的整合、传播要素资源的整合；垂直整合包括市场定位的整合、传播目标的整合、4P（产品、渠道、促销、定价）的整合、品牌形象的整合。

以东风旗下首款 SUV——东风风光 580 的持续性营销为例，东风经过调查研究，最终从内容、方式、节奏三个层面制定了整合营销策略。

▸ 在营销上大胆突破

SUV 市场竞争激烈，东风大胆创新，尝试网红营销、娱乐营销、体验营销等新形式，组合出击，吸引了消费者的眼球。同时重视线上、线下的联动，既在形式上创新，又保证了传播声量最大化。

▸ 在节奏上长预热、强爆破、重持续

东风在新品推广节奏上敢于突破自身瓶颈，积极学习其他品牌的新车推广经验，为东风风光 580 策划了长达一年的传播推广周期。从 1 月谍照预热、3 月高寒测试、4 月车展亮相、5 月预售、6 月上市、8 月试驾、10 月自动挡上市、12 月自动挡试驾，一直到转年 2 月超级公路粉丝节和 4 月丽江汽车共享活动。长达 16 个月的宣传周期，持续加深消费者对新产品的印象。

▸ 在内容上因势制宜

秉持着用户在哪里、东风的营销就要去哪儿的原则，东风风光 580 这款车在营销内容上也更加年轻化、网络化、时尚化。例如，围绕"超级都市 SUV"的定位，延伸了动画超人形象及"7 年/15 万公里超级质保"等营销内容。

品牌人如何建立品牌思维力

除了掌握营销策略，品牌人还要建立品牌思维力，搭建自己的品牌知识体系，并培养品牌感觉。

搭建自己的品牌知识体系，转换到行动思考

互联网的迅猛发展，使新的营销方式、营销载体不断涌现，因此，构建自己的知识体系为品牌带来更好的发展，是对每一个品牌人的考验。

在学习营销知识时，每个人都会看许多书，但很多人感觉书中的知识对自己的帮助并不大，这是因为他还没有建立知识体系。知识的无序排列，是导致知识无用的最大元凶。有时候大家会觉得灵光一闪做出来的东西好，是因为某一知识点在无意间被用上了。建立知识体系，就是保证这种灵感会凭着自身的意志出现。

建立知识体系，有以下几种方法。

▶ 排列已有的知识

在图书馆里找书很方便，是因为所有书籍都有序排列。大脑也是一样

的，品牌人要学着把每一个营销知识点整理出来，在大脑里建立框架，这是构建知识体系的第一步。根据"艾浩宾斯遗忘曲线"（见 12-1），人类大脑最终只能记住一年内 2%的内容。这意味着新学习的知识大部分是不能被内化的，而记忆框架显然比记忆零散的内容容易得多，所以品牌人要把自己学习的知识有序化，有规律地去记忆。

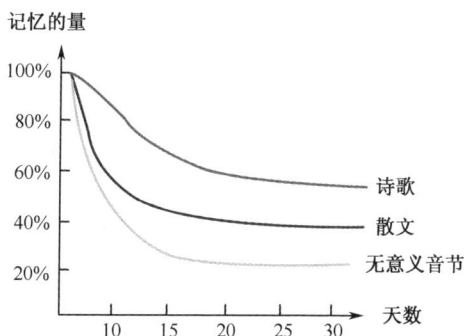

图 12-1 艾浩宾斯遗忘曲线

▶ 以一本基础书籍作为框架。

把已学习的知识分类，是一件非常困难的事。对此，品牌人可以以一本经典营销书籍为基础框架，先按照这本书建立知识框架，再把之后学习的知识填充到这个框架中，以此建立自己的知识体系。

▶ 利用工具，强化知识结构

如果品牌人没有太多时间自己建立知识框架，也可以选择一些辅助工具进行知识的分类与整理。例如，利用有道云笔记等电子记事本，建立不同文档，分类储存不同的知识，如互联网营销学习、App 推广等。

练习观察力，培养品牌感觉

品牌人要有强大的观察力，要能从资料细节中，迅速察觉品牌营销的方向，从而比竞争对手更快捕捉市场机会。那么品牌人要如何练习观察力，培养品牌感觉呢？有以下几种方法。

▶ 定义目标人群

准确定义目标人群是各类品牌营销活动的基础，因此，品牌人想要提升观察力必须先学会定义目标人群。以瑞幸咖啡为例，瑞幸咖啡和星巴克都把目标人群定位为都市白领，但星巴克主打为白领提供一个家和办公室之外的第三空间，满足了白领的社交需求；瑞幸咖啡则强调拿了就走，满足了都市白领快节奏的生活需求。

这就是定义目标人群的结果，如果没有对都市白领这一人群做充分的分析，瑞幸咖啡很难细分出"拿了就走"这一有针对性的卖点。

▶ 使用观察模板

当置身同一个业务场景时，观察力不同，每个人得出的结论也不同，这就是为什么有些品牌能屡屡做出大热的营销方案。一份好的观察模板能帮助品牌人弥补自身能力的不足，观察模板对观察内容的细致分类，可以与品牌人的想法互相验证，纠正偏差，查漏补缺。例如，招聘时面试官都会提前设计面试考题，以保证全面考察应试者的能力，而不是想起来什么问什么。

▶ 找出影响观察力的要素

影响观察力的要素分为生理要素和多元智能要素。从生理角度看，观察力与视觉能力有关，视觉能力与肝脏相关，所以保持好的视觉能力，不仅要注重眼部保健，还要注意保护肝脏。人体器官也遵循着"用进废退"的法则，有意识地训练眼睛并保护肝脏，对提升观察力有很大帮助。

从多元智能角度看，美国教育家多元智能理论之父霍华德·加德纳指出，人类具有八种智能，即言语语言智能、数理逻辑智能、视觉空间智能、音乐韵律智能、身体运动智能、人际沟通智能、自我认识智能、自然观察智能。不同人的不同智能水平都是不同的，所以有人对数字敏感，有人对图像敏感，有人对声音敏感，这是人们观察力产生差别的重要原因。

总之，提升观察力是长期的过程。需要品牌人找出自己的特长智能，加以训练，以放大自身的优势。

七匹狼"双十一"玩出花样，提高品牌曝光度

七匹狼凭借着创新营销活动，成功在"双十一"期间逆转颓势，获得了高曝光度。

抖音挑战赛

近年来，随着年轻人经济能力的提升，90后成为消费主力军。为了吸引年轻的消费者，各品牌相继提出了品牌年轻化战略。从安娜苏、宝可梦联名系列，到星巴克的"猫爪杯"，这些营销方案无疑都透露着品牌抢占年轻化市场的雄心。

成立近30年的中国男装品牌七匹狼，也提出了品牌年轻化战略。在"双十一"营销大战中，七匹狼以"敢撩就免单"为主题，举办抖音挑战赛，使品牌成功融入年轻人的日常生活中。

抖音的日活跃用户平均超过3.2亿人，是品牌营销的重要阵地。七匹狼通过分析抖音热点和用户偏好，确定了"花式撩"主题，用户上传与主题相关的视频，即有机会免单或获得各种奖品。七匹狼结合年轻人的喜

好，将一个简单的优惠促销活动，玩出了新花样。

在店铺方面，用户只需表白客服"小姐姐"，就有机会获得免单，成功与抖音挑战赛进行了呼应。而且这种简单的营销方式，深受年轻消费者的喜爱。

七匹狼凭借抖音挑战赛成功"出圈"。活动上线不到 1 周，就收获了5800 万次曝光，用户上传了近 7000 个视频，达到了一鸣惊人的传播效果。秀腹肌、走 T 台、情侣撩等丰富的视频内容，展现了年轻用户的真实生活状态，也反映出七匹狼目标消费群的特征。正是因为品牌与目标用户同样"敢玩"，这次的营销才能如此出彩。

轻综艺情景剧直播

在直播方面，七匹狼也没有随波逐流采用展示产品卖货的方式，而是采用轻综艺情景剧的方式，展示不同情境下的男士穿搭，为消费者提供了穿搭解决方案。直播间展示了屈楚萧同款羽绒服，并通过"枕头大战""破坏试验"等趣味游戏，让消费者能切实感受到服装的高品质。

近几年的"双十一"一直被诟病参与方式越来越复杂，但七匹狼通过分析目标群体，选择了最符合消费者习惯的活动方式，实现了精准化营销。抖音挑战赛和店铺活动的结合，成功打通了消费群体的链接，形成了一个消费闭环。轻综艺情景剧直播将品牌曝光度推向了一个高潮，用有趣的形式强化产品高质量的形象，消除了消费者的疑虑。

13

品牌杠杆：实现品牌资产螺旋式上升

品牌杠杆是指利用现有品牌资产来发展新业务，新业务的发展又能反哺资产价值的双向过程。品牌杠杆是最有价值的品牌资产，是品牌资产实现螺旋式上升的关键。

品牌杠杆的运用

企业运用品牌杠杆需要找对方式，把握时机，按照品牌的特点去发展新业务，而不是盲目发展，让消费者产生不好的联想。

品牌杠杆力

品牌杠杆是指将品牌现有业务延伸，而延伸的新业务又反哺品牌，提升品牌价值的过程。品牌杠杆力是对业务延伸的评价。因为企业在延伸业务时不仅要考虑品牌的熟悉度及延伸的合适性，还要考虑新业务的竞争力和差别性，即品牌的杠杆力。如果新业务没有很强的竞争力和差别性，那么企业就需要考虑建立新品牌。

一般来说，品牌杠杆力的影响因素有三个，即产品线宽度、品牌强度、品牌数量。

品牌杠杆力与产品线宽度成反比，因为它与消费者对品牌的认知相关。品牌的产品线宽度越大，消费者的认知难度就越大，杠杆力就会越低。

品牌杠杆力与品牌强度成正比，即越强势的品牌，品牌杠杆力就越强。

品牌数量对品牌杠杆力有负面影响。一个企业如果有很多品牌，那么在进行业务延伸时，难度会比品牌数量少的企业大很多。

总之，企业要想提升品牌杠杆力，必须从品牌的价值理念上建立独特的认知，以保证延伸业务的竞争力和差别性。

单一品牌策略与多元化品牌策略的要素

为了适应市场需求，很多企业逐渐从单一品牌向多元化品牌发展。例如，耐克曾专注于生产高端运动鞋，但现在的产品线几乎覆盖了所有的运动产品；可口可乐曾经只代表可口可乐，而现在有芬达、雪碧、醒目等众多子品牌。目前常见的企业品牌架构，有以下三种情况。

▷ 企业品牌架构以单一品牌为主导，所有产品都用一个名字，如苹果、劳力士、耐克等。

▷ 企业品牌架构具有多品牌，但是有一个核心品牌，例如，可口可乐旗下有雪碧、芬达、醒目等品牌，但可口可乐是核心品牌，与企业名称相同。

▷ 企业品牌架构具有多品牌，但是没有核心品牌，例如，LVMH 包含多个品牌，纪梵希、轩尼诗、迪奥等都属于 LVMH 集团，但不像可口可乐那样有一个主导品牌。

那么企业要如何选择品牌架构呢？一般是基于品牌的目标消费者和品牌价值。例如，西门子、华为这样的企业，品牌的目标消费者会非常看重企业的整体实力，所以选择单一品牌策略可以有效降低品牌传播的成本。而像 LVMH、宝洁这样的多品类企业，每个产品的品牌都很重要，所以需要综合性管理，避免企业遇到危机时牵一发而动全身。

单一品牌是目前企业使用最广泛的一种品牌架构，它能强化品牌效应，快速提升品牌价值，而且易于管理。然而就企业长期发展而言，单一品牌已经开始不适应市场的发展了。任何企业都很难保证每个产品线都不会出问题，而一旦品牌杠杆运用错误，某一延伸产品发生危机，单一品牌的应对能力会显得捉襟见肘，消费者的好恶心理会直接上升到品牌，并波及旗下其他产品，产生连锁反应。

多品牌策略的优势在于在应对危机时企业能根据事态的发展及时切割，保证危机不会上升到集团层面，以保护旗下其他产品不受波及。但多品牌策略并不是万能的，在市场竞争日益白热化的今天，发展新品牌需要一段漫长的时间，而且投入大、风险高。例如，在欧美这样成熟的市场中，创造一个新品牌一年至少需要投入两亿美元。在中国市场维持一个有较大影响力的品牌每年也需要投入上千万元。可见，要快速打造一个新品牌，投入更是无法估量的。

因此，只有财力雄厚的大企业才适合实施多品牌策略，否则很可能没有孵化出新品牌，企业就因为资源过度分散而丧失了品牌优势。

总之，对于企业来说，没有任何一个战略是万能的。企业应当充分了解自身情况，深入分析用户需求，有的放矢地选择品牌策略，找到最适合自己的品牌之路。

品牌杠杆作用的产生过程

品牌杠杆主要通过公司优势、地理位置优势、渠道优势、名人或知名文化体育活动背书发挥作用，帮助品牌形象实现正面提升。

公司优势

一家信誉度高的公司具有天然的品牌资产，包括声誉、联想、形象、信用等。如果这家公司能为品牌背书，就能快速提升品牌价值。

例如，"烧范儿"是一家经营整切腌制牛排的店，是百胜中国出品的，与必胜客和肯德基隶属于同一家公司。于是它的产品介绍中就有"肯德基必胜客兄弟品牌"的文字。这就是在用肯德基、必胜客为"烧范儿"背书，把肯德基、必胜客的品牌信誉嫁接到"烧范儿"上，通过运用品牌杠杆提升"烧范儿"的品牌价值。

这样的方式让"烧范儿"在拓展营销渠道时少了很多阻力，例如，"烧范儿"能请薇娅给品牌带货，也是因为其肯德基、必胜客的品牌背景。这就是公司在品牌杠杆的运用过程中发挥的作用。

地理位置优势

一个地理位置常会让人产生某种联想，例如，人们认为山西的醋一定更好吃，武汉的热干面才正宗，德国制造的汽车品质更好等。因此，很多品牌常用这些地理位置佐证自己产品的品质，使消费者产生正面的品牌联想。

例如，小米生态链下的贝医生牙刷，主打其牙刷丝采用日本东丽磨尖丝和德国的 Pedex 螺旋刷丝，日本和德国的产品都是以优质和精密而著称的，因此，这样对刷丝产地的着重介绍会让消费者对产品产生"质量好"的印象。

又如，黑龙江省五常市是著名的优质大米产区，所以很多大米品牌都会强调自己的大米产自黑龙江五常市；苹果品牌会强调产品出自山东烟台；牛奶品牌会强调乳源来自新西兰；许多新酱香型白酒品牌都会强调自己的生产基地在茅台镇。这些品牌都是利用了人们对于产地的固有认知，为品牌增加正面联想。

渠道优势

在广告投放中有一种说法，叫"渠道即信息"，是指品牌的广告投放在什么渠道,就会传递出渠道本身自带的一种信息。例如,一家咨询公司想投放广告,如果它选择了首都机场投放,那么这家公司就能传递出一种"这是国内顶级咨询公司"的信息。反之,如果选择高铁站或地方机场则传递不出这样的信息。

同样,如果想打造一个高端品牌,企业就不能选择在普通商场、超市投放广告,而应该在北京的华贸中心、上海的恒隆广场这样的高端商圈投放广告。CK曾经起诉过它的一位经销商,因为该经销商在山姆会员店销售CK的产品,CK认为在这样的折扣商店销售自己的产品损害了CK的品牌形象。

因此,如果品牌想要获得高势能,就要尽量选择高端的宣发渠道,以彰显自己的品牌实力和定位,从一开始就让消费者对其产生"高端"的联想。

名人或知名文化体育活动背书

名人或知名文化体育活动本身就具有强大的影响力,借助它们替品牌背书也是在将名人或文化体育活动的信誉转移到品牌上。当然这个选择是双向的,因为品牌的形象也会影响名人。因此,一些一线明星在挑选代言品牌时非常谨慎,一些形象不佳、知名度不高的品牌会被直接排除。

企业选择名人或知名文化体育活动背书时的原则是:足够有名、符合产品调性、受目标消费者喜爱、让消费者产生有价值的联想。例如,云南白药牙膏选择了当红小生黄晓明和井柏然为形象代言人,很好地提升了品牌形象。

另外，牙膏广告常会有牙齿的特写镜头，洗发水广告常会有头发的特写镜头，这也是为了让消费者产生正面联想，从而觉得使用了产品后，牙齿或头发就能变得和广告中的一样好。

14

持之以恒：品牌激活后需要维持并强化

成功激活品牌并不是品牌营销的终点，企业需要持续强化品牌，提升品牌形象，让品牌可以为企业带来更多的价值。

新产品导入及品牌延伸

品牌价值的提升离不开新产品的导入。导入新产品是对品牌的一种延伸。对此，企业需要明确品牌延伸的原则及利弊，有的放矢地导入新产品。

品牌延伸的优缺点

维持品牌的长久发展，离不开不断研发新产品。导入新产品作为一种品牌延伸，是一把"双刃剑"，合理的延伸可以成为企业发展的加速器，反之则是企业发展的绊脚石。因此，企业在进行品牌延伸时一定要权衡利弊，从两方面去考虑。

品牌延伸得当，能使新产品快速得到消费者认可，并提升品牌形象，增加企业收益。品牌延伸主要有以下 4 个方面的优势。

▶ 帮助延伸产品迅速得到认知

当主品牌进行延伸时，新产品可以借助主品牌的影响力来提升自己，即把消费者对主品牌的好感转移到新产品上，以减少消费者对新产品的不信任感，从而使新产品在短时间内得到认可。例如，娃哈哈推出的纯净水，消费者就没有因为陌生而拒绝购买，这是因为娃哈哈原本就是做饮料产品的，纯净水作为新产品并没有超出消费者的认知。

▶ 丰富主品牌内涵

品牌延伸可以给消费者带来新鲜感，让消费者感知品牌的创新精神。例如，海尔从洗衣机拓展到冰箱、空调等产品，这都能让消费者感受到海尔在不断进行自我创新。不仅体现了其品牌的价值，还丰富了品牌的内涵。

▶ 加大和满足市场需求

品牌延伸能使品牌产品更加多元化，从而为消费者提供更多的选择。品牌延伸也可以理解成对市场的细分，对于消费者而言，品牌产品品类越齐全，选择性就越大，满足自身需求的概率就越大。

▶ 降低企业推广成本

品牌延伸就像主品牌向自己的老朋友（消费者）介绍自己的"新家人"（新产品）一样，作为老朋友的消费者会更容易接受主品牌的"新家人"。这对企业来说，能节省一大笔新产品的推广费用，例如，蒙牛在推出特仑苏等子品牌时，由于子品牌很容易就被消费者所接受，节省了大量的推广成本。

美国品牌专家里斯和杰特在《定位》一书中表示，品牌延伸是个走不通的死胡同，也许在短期内有效果，但长期看必败无疑。他们认为，品牌延伸是陷阱，会让消费者混淆不同品牌，从而模糊品牌定位。虽然两位专家说得有道理，但也不能一概而论，适当的品牌延伸对企业是有利的，而不适当的品牌延伸才会给企业带来风险。不适当的品牌延伸主要有以下 4

种风险。

▸ 使主品牌定位模糊

主品牌已经在消费者心目中形成了认知定式，但在新产品推出后，消费者就会对主品牌形成新的认知，这会模糊主品牌原有的定位，也会影响消费者的购买行为。例如，某儿童饮品品牌曾经推出了冰糖燕窝、白酒等新产品，就模糊了原本儿童品牌的定位，这显然是一种不当的品牌延伸。

▸ 损害原品牌形象

品牌形象是品牌延伸的基础，但不当的品牌垂直延伸有时就会影响品牌形象。例如，某高端笔品牌曾向低端市场进行延伸，放弃了改进产品款式、质量，转向开发低价位产品，最后不仅没有占领低端市场，反而险些损害其高端品牌的形象。

▸ 让消费者产生排斥心理

新产品要与原有产品有一致性，以便让消费者更容易认可和接受，从而带动企业所有产品的销售。但有些企业的品牌延伸脱离了一致性原则，企业盲目开发新产品，导致消费者产生排斥心理。

▸ 产生株连效应

如果企业使用的是单一品牌策略，在品牌延伸时就要尤其小心，因为新产品一旦出现问题，很可能会殃及所有产品。

综上所述，品牌延伸没有绝对的利与弊，企业选择合适的延伸策略，品牌延伸利就大于弊，反之，则弊大于利。

品牌延伸的原则

"蚂蚁金服"以 600 亿美元的估值完成新一轮融资后,马云的身家增至
333 亿美元,荣登亚洲首富宝座。"蚂蚁金服"的成功与阿里巴巴强大的
品牌效应有着重要关系。这实际上是一种关联定位的营销策略,"蚂蚁金
服"借助母公司阿里巴巴的实力,加速了自己在金融市场上的成长。可以
说,"蚂蚁金服"是阿里巴巴品牌延伸成功的产物。

一个品牌发展到一定程度必然会面临品牌延伸的问题,因为品牌延伸
可以使品牌多元化,实现进一步增值。在品牌多元化发展时,定位会发挥
极大的作用。定位是品牌在消费者心中的位置,精准的定位甚至会使品牌
成为某类产品的代名词,例如,一提起红烧味儿的方便面人们首先就会想
到康师傅方便面。

康师傅方便面在确定其定位后就进行了品牌延伸,相继推出了矿泉水、
饼干等产品,但是效果并不好,因为这些产品混淆了消费者的认知。品牌
延伸就像"跷跷板",一头高了,另一头自然就低了。因此,一个品牌不
能代表两种不同的产品,康师傅想要代表红烧味儿的方便面,就不能代表
矿泉水、饼干。

因此,品牌延伸不能乱延伸,要符合以下两个原则。

▶ 市场上的竞争者还没有进行精准定位

品牌延伸的第一个原则是选择竞争者还没有进行精准定位的领域。例
如,通用公司旗下有电气、汽车、计算机等品类,它们都用"通用"的名
字,为什么没有受"跷跷板"效应的影响呢?这是因为通用公司在进行品

牌延伸时，这些品类所在的领域还没有公司进行精准定位，没有让消费者产生某一品类产品等于某家公司的印象。同理，苹果延伸的 iPod、iPhone、iPad 等产品也是因为这个原因才能大获成功。

▸ 用其他名字进行定位

品牌延伸的第二个原则是换一个新名字与原有产品形成区分。例如，阿里巴巴的"蚂蚁金服"、华为手机的"荣耀"系列等，就是用换名字的方式弱化了"跷跷板"效应，避免消费者对原有产品的刻板印象影响新产品。

在品牌延伸的过程中，定位会对其产生重要的影响。企业要记住，产品只是辅助，认知才是关键。品牌在消费者心中的定位决定了消费者把品牌看成什么，而这直接影响着品牌延伸成功的概率。

妙可蓝多如何进入品牌发展新时代

2019 年 3 月 15 日，广泽股份正式更名为妙可蓝多，提出"创造中国奶酪第一品牌"的口号，并以"品牌力+产品"的方式成功进入品牌发展新时代。

携手央视与分众传媒强势覆盖

妙可蓝多将 2019 年定位为品牌发展元年，通过线上、线下的强势媒体平台推送新广告，力求全方位覆盖目标消费者。

妙可蓝多奶酪棒广告在央视黄金时段强势上线，时长为 30 秒，由几代人耳熟能详的儿歌《两只老虎》改编而成，不仅朗朗上口受小朋友喜欢，甚至还唤起了宝爸、宝妈的童年记忆。广告展现了父母对孩子成长的每个重要时刻的陪伴，符合妙可蓝多"把健康、营养带给孩子每个成长阶段"的产品定位。

除了央视，妙可蓝多还在线下携手分众传媒推送电梯广告。覆盖了包括北京、上海、广州、深圳等 16 个主要城市、数十万楼宇，24 小时不间断播出，成功占据了目标消费者的主要生活场景。

妙可蓝多携手央视和分众传媒，将广告收视范围最大化。在新品上市期间，注重广告覆盖面，对目标消费者形成视觉冲击，让其在潜移默化中形成对品牌的印象，以使其在需要奶酪产品时想到妙可蓝多。

携手热门 IP《汪汪队立大功》打造爆款单品

妙可蓝多奶酪棒可以说是 2019 年奶酪家族中的新星，进口奶源、口味丰富，超级受小朋友的欢迎。为了打造爆款单品，妙可蓝多联合 IP《汪汪队立大功》，让汪汪队成员登上奶酪棒的产品包装，使其为妙可蓝多代言，符合儿童消费者的审美，从而更吸引小朋友的注意。同时，采用创新阻氧技术锁住营养成分，并使用独立包装，易于拿取，干净卫生，符合宝爸、宝妈对食品健康、卫生的要求。

优质的产品是发展品牌的先决条件，充足的产品研发能力是品牌获得长久认同的基础。妙可蓝多十分重视产品研发，在上海、天津都成立了研发中心，拥有多项奶酪生产专利，为品牌提升奠定了坚实的基础。

妙可蓝多负责人表示，经过在产品端的不断探索和发力，妙可蓝多如今已经拥有丰富的产品类型和优秀的产品品质，尤其是奶酪棒得到了众多消费者的青睐，其已经成为妙可蓝多众多产品线中的明星产品。妙可蓝多已经做好了充分的生产准备。

妙可蓝多秉持"专注奶酪专为国人"的理念，顺应消费升级的趋势，以高品质、高趣味的爆款单品，不断提高品牌的知名度。同时也预示了妙可蓝多助力中国乳业进入奶酪时代的决心。